ΕΥΤΥΧΙΑ

ΚΑΙ ΠΩΣ ΝΑ ΤΗΝ ΚΑΤΑΚΤΗΣΕΤΕ

εννέα διανοητές από τον χώρο της Ψυχολογίας, της
Συμβουλευτικής, της Φιλοσοφίας και της Θεολογίας
μας δείχνουν ότι η ευτυχία είναι θέμα επιλογής
και όχι τύχης

2018

····

εκδόσεις
iWrite

τίτλος συγγράμματος
Ευτυχία και πώς να την Κατακτήσεις

συγγραφέας
συλλογικό έργο

.·..

καλλιτεχνική διεύθυνση   διεύθυνση έκδοσης
Νικόλαος Κουμαρτζής   Βαλάντης Ναγκολούδης

σύμβουλος έκδοσης
Γιώργος Ιωαννίδης
atelier
Αντώνης Καραναύτης, Σάββας Τριανταφυλλίδης

υπεύθυνοι προώθησης
Μηνάς Παπαγεωργίου, Άρτεμις Βελούδου-Αποκότου

φιλολογική επιμέλεια
Γιούλη Γαλάνη, Χρύσα Βασιλείου

α΄ έκδοση Σεπτέμβριος 2018
isbn 978-960-627-025-3

Εκδόσεις iWrite   **An iWrite Publication**
Θεσσαλονίκη - Αθήνα   Thessaloniki - Athens

Ιστοσελίδα: www.iWrite.gr
Επικοινωνία: 2311 27 28 03 | info@iWrite.gr

η καλλιτεχνική επιμέλεια του έργου έγινε
από τα ατελιέ του iWrite.gr

.·..

περιεχόμενα

Ευτυχία και Συνειδητότητα

...

γράφει ο Γιώργος Ιωαννίδης.
ψυχολόγος - συγγραφέας

Όταν οι έγνοιες γεμίζουν το σύνολο του καθημερινού μας χρόνου, λέξεις όπως η *ευτυχία* γίνονται συνώνυμα της διαφυγής από τη ρουτίνα. Και, επειδή βιώνουμε την καθημερινότητά μας σαν μια επίπονη επανάληψη, αντίστοιχα θέλουμε να ερμηνεύουμε την ευτυχία ως μια *μόνιμη* ψυχική κατάσταση ικανοποίησης των επιθυμιών και των σκοπών μας.

Πώς γίνεται όμως κάτι να είναι αναλλοίωτο, όταν εμείς οι ίδιοι αλλάζουμε συνέχεια; Πώς μπορεί η ευτυχία να είναι μόνιμη, όταν από τη φύση τους οι επιθυμίες μας είναι πρόσκαιρες; Πώς γίνεται να είμαστε ευτυχισμένοι, όταν αγνοούμε τον ίδιο τον σκοπό της ζωής;

Γνωρίζοντας επομένως λιγότερα από όσα μπορούμε να κατανοήσουμε για την ευτυχία, πλάθουμε γι' αυτή στη φαντασία μας μια απλησίαστα εξιδανικευμένη εικόνα, καταδικάζοντας έτσι τον εαυτό μας πολύ συχνά στον αντίποδά της, τη *δυστυχία*.

Τι αληθινά σημαίνει όμως ευτυχία και γιατί είναι τόσο δύσκολη (αν είναι!) η επίτευξή της;

Η ίδια η λέξη μάς βοηθά εδώ: Ευτυχία –από το πρόθεμα *ευ* (που δηλώνει εύνοια) και την *τύχη*. *Τύχη* είναι ο γενικός όρος με τον οποίο αναφερόμαστε σε μια σειρά από μυριάδες άγνωστους μικρούς παράγοντες που συμβάλλουν καθοριστικά στην εξέλιξη των γεγονότων. Για τους αρχαίους Έλληνες, βέβαια, τύχη σήμαινε αρχικά αυτό που συναντά κανείς στη ζωή του, «αυτό που τον βρίσκει». Ποιος είναι όμως *αυτός που συναντά την τύχη του;* Η ερώτηση απαιτεί μια αυτογνωσιακή απάντηση! Αποζητά να αφυπνίσει στο άτομο την απορία για την ταυτότητά του, όχι απλά για το ποια είναι τα χαρακτηριστικά του, αυτά τα οποία τον ξεχωρίζουν από τους άλλους, αλλά για εκείνα τα στοιχεία που τον κάνουν να είναι *αυτό που είναι.*

Η ευτυχία επομένως σχετίζεται με τον βαθμό αυτεπίγνωσης ή, για να το πούμε διαφορετικά, με το εύρος της συνειδητότητας. Ευτυχία, έτσι, δεν είναι παρά η απόρροια μιας διευρυμένης συνείδησης, όπου το νόημα –παρά η ακαθόριστη τυχαιότητα– γίνεται η αληθινή κινητήρια δύναμη εκτίμησης των πραγμάτων. Αυτό σημαίνει πως ευτυχισμένος δεν είναι εκείνος που η τύχη του είναι απλά ευνοϊκή. Ένας τέτοιος ορισμός δηλώνει μια μάλλον παθητική προσωπικότητα, που επιδέχεται τα ρεύματα της ζωής όπως και απ' όπου αυτά έρχονται.

Με τον όρο ευτυχία δεν μπορούμε να νοούμε πλέον μια πρόσκαιρη κατάσταση που υφίσταται σε σχέση με τις εξωτερικές συνθήκες, αλλά ένα εσωτερικό βίωμα που επιτυγχάνεται με την ενεργή μετοχή στη ζωή και την πλήρωση των θεμελιωδών στόχων της.

Να γιατί η ευτυχία δεν είναι εύκολο απόκτημα –διότι είναι άθλημα πνευματικής εργασίας και κόπος ορθοπραξίας, χαρακτηριστικά ενός συνειδητοποιημένου ανθρώπου.

Ακριβώς λοιπόν διότι η ευτυχία δεν είναι εύκολη –όχι λόγω των συνθηκών όπως οι περισσότεροι πιστεύουμε, θέλοντας έτσι να αποβάλουμε την ευθύνη προβάλλοντας εκεί έξω τις δικές μας φοβίες ως εξωτερικά εμπόδια– οι Εκδόσεις iWrite, θέλοντας να συνδράμουν σ' αυτόν τον πνευματικό αγώνα του καθενός μας, συγκέντρωσαν από τη συγγραφική τους οικογένεια τους σημαντικότερους διανοητές τους, ανθρώπους με ειδική κατάρτιση στον χώρο της Ψυχολογίας, της Συμβουλευτικής, της Φιλοσοφίας και της Θεολογίας, για να διαφωτίσουν το μείζον αυτό θέμα, παραθέτοντας ο καθένας από τη σκοπιά του απαντήσεις στο τι είναι ευτυχία και πώς αυτή μπορεί να γίνει κτήμα του καθενός όχι θεωρητικά παρά απτά και ουσιαστικά.

Οι μακαρισμοί του Ιησού: μια νέα προσέγγιση

γράφει ο
Παναγιώτης Ασημεόνογλου

Ποιο είναι άραγε το κίνητρο που σπρώχνει κάποιον ν' αγοράσει ένα βιβλίο που αναφέρεται στην ευτυχία; Η περιέργεια, η ευρυμάθεια, μήπως η ελπίδα πως στις σελίδες του θ' ανακαλύψει εκείνο το *μυστικό* που θα θεραπεύσει τη δική του έλλειψη, τη σκοτεινή κηλίδα της ψυχής του; Πιστεύει (ή ελπίζει) **πως οι συγγραφείς του βιβλίου είναι ευτυχισμένοι** ή γνωρίζουν κάποια συνταγή ευτυχίας που μεταμορφώνει –όπως ένα μαγικό ραβδάκι– την καθημερινότητα των διαρκών απαιτήσεων και της ρουτίνας;

Νομίζω ότι πολλοί που θ' αγοράσουν το συγκεκριμένο βιβλίο κρύβουν μέσα τους τέτοιες προσδοκίες, ακόμη κι όταν το χέρι που το αρπάζει προσποιείται περιέργεια ή ευρυμάθεια. Όπως σίγουρα θα είναι πολλοί εκείνοι που θα το σνομπάρουν και που θα επιχειρήσουν ν' απομειώσουν την αξία του εγχειρήματος σκεπτόμενοι «Ποιος είναι αυτός που γράφει για την ευτυχία; Ο ίδιος είναι τρισευτυχισμένος και θα συμβουλεύσει εμένα;»

Αν ανήκετε σ' εκείνη την κατηγορία των ανθρώπων που θα ψάξουν τη *μυστική συνταγή* σ' όσα ακολουθούν, τότε θα σας απογοητεύσω, εφόσον η ευτυχία που θα κοινωνήσω μαζί σας φοράει το πρόσωπο της *μωρίας* και της ηλιθιότητας για τον σύγχρονο κόσμο. Απ' την άλλη, αν ανήκετε σ' εκείνη τη μερίδα των αναγνωστών που μ' αγγίζετε τώρα με καχυποψία *επί τον τύπον των ήλων*, θα σας έλεγα πως πράγματι δεν πλέω σε πελάγη ευτυχίας, όχι τουλάχιστον με τον τρόπο που η καρδιά μου κι ο νους μου διψούν. Η ευτυχία που θέλω να ψηλαφήσω βρίσκεται πολύ χαμηλά για να την ακραγγίξω χωρίς να τσακιστεί η μέση του εγωισμού μου. Οπότε μπορούμε να ξεκινήσουμε την επικοινωνία μας μ' αυτές τις προϋποθέσεις.

Για τους περισσότερους ανθρώπους –και για όλα τα υπόλοιπα πλάσματα της γης– ευτυχία είναι η ιεραρχική/αξιολογική κάλυψη αναγκών, δηλαδή η προσπάθεια εκπλήρωσης επιθυμιών και η επίτευξη στόχων με μια σειρά που ο καθένας ορίζει υποκειμενικά. Βέβαια η φύση είχε τη σοφία να μας καθοδηγήσει σε κάποια είδη ευτυχίας που εξυπηρετούν τους σκοπούς της εξελικτικής διαδικασίας. Η ευτυχία που παράγεται απ' το καλό στάτους, απ' τις φιλίες ή απ' τις ερωτικές σχέσεις, απ' τα χρήματα και απ' την εργασιακή εξασφάλιση, απ' την κοινωνικοποίηση ή απ' την καλή φυσική κατάσταση, κ.λπ., αφορά πάντοτε τις επιτεύξεις της φυσικής επιλογής για επιτυχία στο ζευγάρωμα, ασφαλή μεταβίβαση του γενετικού υλικού κι επιβίωση.

Πρόκειται για μια ευτυχία που, όσο και αν ντύνεται τα ρούχα του πολιτισμού ή του πνευματώδους, αφορά πάντοτε το «ζώο» μέσα μας, τα ένστικτά μας και τις αυτοματοποιημένες διεργασίες του εγκεφάλου μας. Για να την αποκτήσεις αρκεί να τακτοποιηθείς ψηλά στην ιεραρχία της κοινωνικής ή της φυσικής πυραμίδας. Μάλιστα δε όσο πιο ψηλά βρίσκεσαι, τόσο περισσότερα χρήματα έχεις, τόσο ευνοϊκότερη μεταχείριση απολαμβάνεις και άρα τόσο πιο ευτυχισμένος νιώθεις. Το πρόβλημα είναι ότι αυτή η πυραμίδα στενεύει όσο περισσότερο την ανεβαίνεις, έτσι ώστε στο τέλος να μην αφήνει χώρο για τους πολλούς και καταφρονημένους. Στη διάταξη αυτή οι μάζες δυστυχούν και κάθε συζήτηση για την ευτυχία σ' αυτές περιορίζεται στ' αναγκαία συστατικά της επιβίωσής τους, σε λίγο καθαρό νερό, σε μια μερίδα φαγητό, σ' ένα εμβόλιο, σε μερική αγάπη…

Απ' την άλλη ο Χριστός, χωρίς ν' αρνηθεί ότι στη δομή του κόσμου παρατηρείται μια ιεραρχική τάξη που εμφανίζει ανώτερα και κατώτερα επίπεδα, λύνει το πρόβλημα, όταν με το έργο Του ανατρέπει την οντολογική πυραμίδα, αντιστρέφοντας την κορυφή της προς τα κάτω, ώστε η ευτυχία και η τελειότητα να μη βρίσκονται ψηλά αλλά χαμηλά. Εκεί λοιπόν καλεί τον χριστιανό να πορεύεται, στο βάθος της αντεστραμμένης πυραμίδας που συγκεντρώνεται η φοβερή πίεση, στην ταπείνωση, στην κατανόηση και στην αποδοχή των πάντων, στην αγάπη, στον εκούσιο εξευτελισμό, στον σταυρικό θάνατο.[1]

Είναι όμως δυνατόν να υπάρχει ευτυχία στον πυθμένα; Λένε πως ο Χριστός στα Ευαγγέλια έκλαψε τέσσερις φορές, αλλά δεν μαρτυρείται να γέλασε καθόλου. Γεγονός που παρακινεί τον Άγιο Νικόδημο τον Αγιορείτη να γράψει πως «όχι η εμπαθής ιδιότητα του γέλιου, αλλά η ιδιότητα του κλάματος είναι χαρακτηριστικό του ανθρώπου…»[2]

Αυτή η παρανόηση οδηγεί πολλούς στο συμπέρασμα ότι η χριστιανική τελειότητα είναι ανέραστη, αγέλαστη, βαλσαμώνοντας τη ζωή στα διαρκή *μη* κι *όχι* ή προσφέροντας μια ευτυχία αντίστοιχη μ' εκείνη των παραισθησιογόνων.

1 Αρχ. Σωφρόνιος Σαχάρωφ, Ο Άγιος Σιλουανός ο Αθωνίτης, σελ. 300-302, Ι.Μ. Τιμίου Προδρόμου Έσσεξ Αγγλία, Γ' έκδοση, 2003.
2 Νικόδημος Αγιορείτης, Συμβουλευτικό εγχειρίδιο, Απόδοση στη νεοελληνική, σελ. 128, Νέα Σκήτη, 2006.

Είναι πλέον διάσημη η κριτική του Μαρξ: «Η θρησκεία εί-
ναι ο στεναγμός του καταπιεζόμενου πλάσματος, η θαλ-
πωρή ενός άκαρδου κόσμου, είναι το πνεύμα ενός κόσμου
απ' όπου το πνεύμα έχει λείψει. Η θρησκεία είναι το όπιο
του λαού...»[3]

Δεν ξέρω τι θα μπορούσα ν' αντιτείνω ως λογικό επι-
χείρημα στα παραπάνω. Η πίστη είναι ένα ατόπημα που
συγκρίνεται μόνο με το ερωτικό κατόρθωμα και απαιτεί
πάντοτε ένα άλμα πάνω απ' τις αβύσσους του παραλόγου.
Στα πατώματα της πυραμίδας δεν φθάνεις με τον νου αλλά
με την καρδιά, και είναι αυτή η καρδιά που βουτάει γεμάτη
τρέλα προς μια βαθύτατη χαρά ακόμη κι όταν επιφανειακά
υποφέρεις.

Είναι βέβαιο πως οι περισσότεροι άνθρωποι οσφραίνο-
νται την ομορφιά, αφουγκράζονται τα γέλια και την ευ-
τυχία που θα έφερνε στην οικουμένη η εφαρμογή όσων ο
Χριστός αποκάλυψε, παρόλο που η γνησιότητα του ευαγ-
γελικού μηνύματος απονεκρώθηκε σε ξερά λόγια, εγκλω-
βίστηκε στην τυπολατρία και στον ηθικισμό, κατάντησε
θρησκεία. Ξέρουν το πόσο πιο όμορφο μέρος θα ήταν αυτή
η γη αν επικρατούσε η ειρήνη, η προσφορά, η ταπείνωση, η
ανιδιοτελής αγάπη, η ειλικρίνεια, η τιμιότητα, η φτώχεια ως
τρόπος υπάρξεως σ' έναν κόσμο που δεν θα καθοριζόταν
από χαρτιά και από συμφέροντα. Αλλά ταυτόχρονα αμφι-
βάλλουν στο κατά πόσο θα ήταν εφικτό να συμβούν αυτά
σε μεγάλη κλίμακα...

Ο Χριστός όρισε εννιά πυλώνες με τους οποίους μπορεί
να θεμελιωθεί το μήνυμά του στον κόσμο. Πρόκειται για
τους εννιά μακαρισμούς ή τις εννιά βασιλικές οδούς της
ευτυχίας που ανέφερε στην Επί Όρους Ομιλία (Ματθαίου
5:3-11). Οι στόχοι αυτοί μας οδηγούν απευθείας στη βάση

---

3 Κ. Μαρξ, Κριτική της Εγελιανής φιλοσοφίας του κράτους και του
δικαίου.

της αντεστραμμένης πυραμίδας, στο μέρος που συσσωρεύεται όλη η πίεση και που η ζωή συναντά τα έσχατα όριά της.

Είναι τόσο υψηλοί που θυμίζουν κάπως το ανέφικτο προσέγγισης του πολικού αστέρα, ενός σημείου που οι ναυτικοί χρησιμοποιούσαν ως οδοδείκτη για να βρίσκουν την πορεία τους, ως κάτι που κυνηγούσαν χωρίς ποτέ να φθάνουν. Εκτός ίσως από εκείνους τους ταξιδευτές που έβγαζαν φτερά και πετούσαν προς τα κει, ελεύθεροι από τις αδυνατότητες που θέτει η λογική. Ποιος ξέρει αν έφθασαν ή αν έγιναν αστέρια; Εμείς μπορούμε να σκάψουμε τόσο χαμηλά όσο ο Χριστός μάς ζητάει; Όπως είχε πει ο Μιχαήλ Άγγελος, ο σπουδαιότερος ίσως καλλιτέχνης που έζησε ποτέ: «Ο μεγαλύτερος κίνδυνος για τους περισσότερους από εμάς δεν είναι ότι ο στόχος μας είναι πολύ ψηλά και τον χάνουμε, αλλά ότι είναι πολύ χαμηλά και τον φτάνουμε».

Στη συνέχεια θα δούμε τους μακαρισμούς του Χριστού με σύντομες προσωπικές αναλύσεις. Προσπάθησα να ενώσω σ' αυτές χριστιανούς, ινδουιστές, βουδιστές και μουσουλμάνους αγίους αδιακρίτως, αγκαλιάζοντας μ' αυτόν τον τρόπο την κλήση του Θεού που απευθύνθηκε εξίσου σ' όλη την ανθρωπότητα.

(1)

«Μακάριοι οἱ πτωχοὶ τῷ πνεύματι, ὅτι αὐτῶν
ἐστιν ἡ βασιλεία τῶν οὐρανῶν»

Κάποτε κατευθυνόταν ο άγιος Φραγκίσκος της Ασίζης με τον αδερφό Λέοντα στην Παναγία των Αγγέλων. Έκανε πολύ κρύο κι ο Λέοντας υπέφερε πολύ. Βλέποντάς τον έτσι να τουρτουρίζει, τον λυπήθηκε ο άγιος και του είπε χαμογελαστός: «Αδελφέ Λέοντα, γράψε ποια είναι η αληθινή ευτυχία. Ακόμη και αν ένας απ' τους αδερφούς χαρίσει το

φως σ᾽ έναν τυφλό, θεραπεύσει κάποιον παράλυτο, ξορκί-
σει δαιμόνια, επιστρέψει την ακοή σε κωφό και κάνει έναν
κουτσό να περπατήσει, γράψε πως αυτό δεν είναι η τέλεια
ευτυχία».

Συνέχισε μετά ο άγιος με πιο δυνατή τη φωνή: «Αδερ-
φέ Λέοντα, ακόμη και αν ένας μοναχός ξέρει να μιλά όλες
τις γλώσσες του κόσμου κι έχει μάθει όλες τις επιστήμες,
μπορεί να προφητεύει και ν᾽ αποκαλύπτει τα μελλούμενα,
γνωρίζει τα πιο καλά φυλαγμένα μυστικά των καρδιών κι
εκείνα που κρύβονται βαθιά στον νου των άλλων, γράψε
κι επισήμανε με προσοχή πως αυτή δεν είναι πάλι η τέλεια
ευτυχία».

Ρώτησε τότε ο Λέοντας απορημένος: «Φραγκίσκο, τι εί-
ναι τελικά η τέλεια ευτυχία;»

Απάντησε ο άγιος: «Αδελφέ Λέοντα, ερχόμαστε στην
Παναγιά των Αγγέλων, είναι καταχείμωνο και κάνει τόσο
κρύο, που από τις άκρες του ράσου κρέμονται κομμάτια
πάγου κάνοντας τα πόδια να ματώνουν με τις αιχμές τους.
Λερωμένοι όπως είμαστε απ᾽ τη λάσπη και ταλαιπωρημέ-
νοι απ᾽ την πείνα, χτυπάμε το κουδούνι στην πύλη, έρχε-
ται ο πορτιέρης και μας λέει θυμωμένος: "Ποιοι είστε;", και
του λέμε εμείς: "Είμαστε δύο αδερφοί σας", και αντιλέγει
τότε εκείνος: "Δεν λέτε την αλήθεια, παρά είστε δύο βλά-
κες και αμαθείς που αποπλανάτε τον κοσμάκη και κλέβετε
τους φτωχούς. Φύγετε αμέσως από 'δώ!". Ω, αδερφέ Λέο-
ντα, γράψε πως τότε είναι η τέλεια ευτυχία! Αν αντέξουμε
όλες τις προσβολές και τους εξευτελισμούς με υπομονή, ω
αδερφέ Λέοντα, σημείωσε πως αυτή είναι η τέλεια ευφρο-
σύνη!»[4]

Η πτωχεία του πνεύματος (ταπείνωση) οδηγεί σ᾽ ένα είδος

---

4 Bret Thoman, *Saint Francis of Assisi: Passion, Poverty & the Man
Who Transformed the Catholic Church*, loc. 2807-2816, TAN Books,
2016, Kindle Edition και Αγίου Φραγκίσκου της Ασίζης, Άπαντα,
αποτυπώσεις πνευματικής ζωής, σελ. 202, 203, Μαΐστρος, 2009.

ευτυχίας ακατανόητο για τα δεδομένα του κόσμου μας. Ο ίδιος ο άγιος Φραγκίσκος ήταν ένας απ' τους πιο εκφραστικούς και ποιητικούς αγίους της Χριστιανοσύνης –και του κόσμου εν γένει– που έζησε τη φτώχεια (πνευματική και υλική) σε απαράμιλλα επίπεδα. Αυτό δεν τον εμπόδισε να εκστασιάζεται με τη φύση και τα μυρωδάτα άνθη, να τραγουδάει και να χορεύει καθώς περπατούσε ή δίδασκε, να παίζει κυλιόμενος στα χιόνια, να διδάσκει γεμάτος χαρά τα πουλιά και τ' άγρια θηρία, να δέχεται τους εξευτελισμούς με χαμόγελο και αγάπη, να ζει την πίστη μ' έναν τρόπο γνήσιο, πρωτότυπο και ειλικρινή. Για να φθάσει όμως στην ταπείνωση και στην ανεκλάλητη χαρά έπρεπε να περάσει πρώτα πάνω απ' τα αγκάθια του εγωισμού του...

(2)
«μακάριοι οἱ πενθοῦντες, ὅτι αὐτοὶ
παρακληθήσονται»

Υπάρχει μια όμορφη ιστορία –μάλλον προερχόμενη απ' τους μουσουλμάνους σούφι– που εξηγεί με απλές εικόνες τις διαφορές παραδείσου και κόλασης: Ένας πιστός παρακαλούσε τον Θεό να του δείξει πώς είναι η κόλαση και πώς είναι ο παράδεισος. Ένα βράδυ λοιπόν άκουσε στον ύπνο του μια φωνή να τον καθοδηγεί: «Έλα να σου δείξω την κόλαση». Αφού την ακολούθησε, βρέθηκε σ' ένα δωμάτιο με πολλούς ανθρώπους να κάθονται γύρω από ένα στρωμένο τραπέζι. Στη μέση βρισκόταν μια κατσαρόλα με νόστιμο φαγητό που άχνιζε πλούσια αρώματα. Όλοι τους όμως ήταν φοβερά πεινασμένοι, αφού στο χέρι τους κρατούσαν μια τόσο μακριά κουτάλα που κάθε φορά, προσπαθώντας να ρίξουν μια μπουκιά μ' αυτή στο στόμα τους, χυνόταν έξω. Γι' αυτό γκρίνιαζαν, φώναζαν και παραπονιούνταν διαρκώς.

Μετά απ' αυτό το όραμα η φωνή είπε: «Έλα τώρα να σου δείξω και τον παράδεισο». Βρέθηκε τότε σ' ένα άλλο δωμάτιο που πάλι κάθονταν άνθρωποι γύρω από ένα τραπέζι, με το ίδιο φαγητό στη μέση. Μόνο που τώρα ήταν όλοι χαρούμενοι και χαμογελαστοί, λέγοντας καλαμπούρια και τραγουδώντας αγκαλιασμένοι. Η διαφορά με τους προηγούμενους ήταν πως αυτοί έπαιρναν με την κουτάλα φαγητό και τάιζαν ο ένας τον άλλον...

Ευτυχισμένοι, λοιπόν, μας λέει ο Ιησούς είναι αυτοί που θα πενθήσουν την αναπηρία τους να προσφέρουν αγάπη, όσοι θα κλάψουν επειδή απέτυχαν να ταΐσουν τον διπλανό τους, όλοι εκείνοι που λυπήθηκαν την αδυναμία τους να περάσουν απ' το «εγώ» στο «εμείς» και απ' το «έχω» στο «είμαστε». Τότε μόνο θα γνωρίσουν την απερίγραπτη ευτυχία του παραδείσου, όταν ρημάξουν τόσο χαμηλά τον εγωισμό τους και βρεθούν μαζί του στον πυθμένα της πυραμίδας.

Σίγουρα υπάρχει μια αντίφαση σ' αυτόν τον μακαρισμό, μιας και το ζεύγος πένθος-μακαριότητα είναι ασυμβίβαστο και αντιβαίνει οποιαδήποτε λογική. Αλλά είναι αυτός ο λόγος που ο χριστιανός μπορεί πάντοτε να καυχηθεί εκείνο που έγραψε ο ποιητής Ουόλτ Ουίτμαν: «Αντιφάσκω με τον εαυτό μου; Πολύ καλά λοιπόν, αντιφάσκω με τον εαυτό μου. Είμαι πελώριος. Εμπεριέχω πολλαπλότητες».

(3)
«μακάριοι οἱ πραεῖς, ὅτι αὐτοὶ κληρονομήσουσι τὴν γῆν»

Ευτυχία είναι ν' ανταποδώσεις την αδικία με καλοσύνη, ν' αντιδράσεις στον θυμό με υπομονή, να υποδεχθείς τον εξευτελισμό με χαρά, ν' απαντήσεις στην κατάρα μ' ευλογία. Ως ανθρωπότητα έχουμε δοκιμάσει από αιώνες τον δρόμο του μίσους, του θυμού και της εκδίκησης, δεν πήραμε ποτέ κυριολεκτικά τον λόγο του Ιησού «μὴ ἀντιστῆναι τῷ πονηρῷ» (Ματ 5:39). Ποιος ξέρει αν το κάναμε αυτό τότε πόσα θαυμαστά θα μπορούσαν να γίνουν, πόσες αδικίες να εξαλειφθούν και πόσοι άνθρωποι να ζήσουν ευτυχισμένοι!

Ένας σοφός μαζί με τους μαθητές του περιφερόταν κάποιο πρωινό στον Γάγγη ψέλνοντας ιερές προσευχές στους θεούς. Όμως το κλίμα κατάνυξης διαταράχθηκε όταν άκουσε σε μακρινή απόσταση ένα ζευγάρι να τσακώνεται άγρια. Φαίνεται πως η γυναίκα έχασε το χρυσό της κολιέ όταν βούτηξε στον Γάγγη κι ο άντρας ξέσπασε πάνω της, βωμολοχώντας γεμάτος από οργή.

Ο άγιος σταμάτησε τότε την περιφορά και ρώτησε τους μαθητές του: «Γιατί οι άνθρωποι φωνάζουν οργισμένοι ο ένας στον άλλον;»

Ένας απ' τους ακολούθους απάντησε αμέσως: «Επειδή, δάσκαλε, χάνουν την ψυχραιμία τους, γι' αυτό και φωνάζουν».

«Σωστά» είπε ο σοφός, «αλλά γιατί να το κάνουν; Γιατί πρέπει να υψώσουν τη φωνή τους τόσο πολύ όταν ο άλλος είναι ακριβώς δίπλα τους; Όχι βέβαια επειδή έτσι τους ακούει πιο καθαρά. Μπορείς να πεις αυτό που θέλεις χωρίς να κραυγάζεις κιόλας».

Αφού οι μαθητές έδωσαν διάφορες απαντήσεις στον δάσκαλο, δεν φάνηκε κανένας τους να προχωράει στην καρδιά του ζητήματος. Έτσι συνέχισε ο δάσκαλος: «Ο θυμός δημιουργεί αμέσως μια απόσταση. Όταν δύο άνθρωποι είναι θυμωμένοι μεταξύ τους, οι καρδιές τους δεν βρίσκονται πλέον κοντά, τα συναισθήματά τους χωρίζονται και φεύγουν χιλιόμετρα μακριά. Για να καλύψουν αυτή την απόσταση φωνάζουν, κι όσο πιο θυμωμένοι είναι τόσο περισσότερο υψώνουν τη φωνή τους. Δεν έχουν πλέον αγάπη, ανεκτικότητα κι εγγύτητα. Είναι ανίκανοι ν' ακούσουν ο ένας τον άλλον και γι' αυτό φωνάζουν, γιατί έτσι πιστεύουν ότι θα εισακουστούν καλύτερα.

»Τι συμβαίνει όμως όταν δύο άνθρωποι αγαπιούνται πολύ; Τότε δεν φωνάζουν παρά μιλούν μαλακά, σχεδόν ψιθυριστά, επειδή οι καρδιές τους είναι κοντά και τα μηνύματα δεν διασχίζουν μεγάλες αποστάσεις.

»Όσο περισσότερο αγαπιούνται τόσο λιγότερες λέξεις χρησιμοποιούν, τόσο πιο απαλά μουρμουρίζουν, ψιθυριστά, ανεπαίσθητα, με τον δεσμό τους να δυναμώνει και την αγάπη τους να ευωδιάζει. Στο τέλος δεν μιλούν καν, παρά κοιτάει ο ένας τον άλλον με τη σιωπή τους να γίνεται πιο ισχυρή από κάθε λόγο, γιατί στ' αλήθεια τόσο κοντά έρχονται όταν η αγάπη κυριαρχεί.

»Έτσι, όταν διαφωνείτε με κάποιον, μη λέτε λόγια που μπορούν να διαρρήξουν τον δεσμό αγάπης σας και να σας απομακρύνουν μεταξύ σας».[5]

Η πραότητα βρίσκει πάντοτε τον δρόμο της στην καρδιά των άλλων, κάνοντας τους πάντες ευτυχισμένους. Απ' την άλλη η έλλειψη υπομονής, οι άγριες φωνές, οι ανεξέλεγκτες καταστάσεις και οι εγωισμοί, προκαλούν φοβερή θλίψη και αβάσταχτο πόνο. Κανείς δεν ευτύχισε ποτέ μισώντας...

(4)
«μακάριοι οἱ πεινῶντες καὶ διψῶντες τὴν δικαιοσύνην, ὅτι αὐτοὶ χορτασθήσονται»

Όταν μαινόταν ο πόλεμος στον Ειρηνικό, ο Βιετναμέζος μοναχός του Βουδισμού Ζεν και ακτιβιστής της ειρήνης Τικ Νιάτ Χαν έμαθε ότι ένα εντεκάχρονο κορίτσι, που προσπάθησε ν' αποδράσει απ' τη φρίκη του Βιετνάμ με την οικογένειά της, βιάστηκε από πειρατές και είδε να πετούν τον

5 http://omswami.com/2012/09/why-do-people-shout-in-anger.html

πατέρα της στη θάλασσα όταν προσπάθησε να τη σώσει. Μετά απ᾽ αυτά, το κορίτσι πήδηξε στα νερά για ν᾽ αυτοκτονήσει.

Μαθαίνοντας τα νέα, ο τίμιος μοναχός δεν μπόρεσε όλο το βράδυ να κοιμηθεί. Ήταν εκνευρισμένος, πικραμένος, γεμάτος απόγνωση και κατάκριση. Απ᾽ τη μία υπήρχε το κορίτσι, απ᾽ την άλλη οι πειρατές και μετά όλοι εκείνοι οι αμέτοχοι θεατές ενός ατιμώρητου εγκλήματος, ο ΟΗΕ, οι ακτιβιστές, οι πολιτικοί, εμείς, κ.λπ. Πώς μπορούσε ν᾽ αποδοθεί δικαιοσύνη σ᾽ ένα τέτοιο έγκλημα; Πότε θα τιμωρούνταν οι ένοχοι;

Το απόγευμα, όταν κάθισε να διαλογιστεί, ο Τικ Νιάτ Χαν φαντάστηκε τον εαυτό του να έχει γεννηθεί μωρό σε μια φτωχή οικογένεια ψαράδων στις ακτές της Ταϊλάνδης. Οραματίστηκε τον πατέρα του να είναι ένας αγράμματος βιοπαλαιστής ψαράς, χωρίς να έχει ποτέ λάβει κάποια ουσιαστική παιδεία, χωρίς να έχει κάποιον πολιτικό ή δάσκαλο να τον βοηθήσει ή να τον παρηγορήσει στη βάναυση καθημερινότητά του. Η μητέρα του δεν μπορούσε ούτε να γράψει ούτε να διαβάσει και μεγάλωσε τα παιδιά της χωρίς τις απαραίτητες γνώσεις, δίχως να έχει την ικανότητα και τον χρόνο για να τους προσφέρει την αναγκαία στοργή που όλα τα παιδιά λαχταρούν.

Το ίδιο όμως συνέβαινε με τους προπαππούδες του και τους άλλους παλιότερους προγόνους του· όλοι τους ήταν αγράμματοι ψαράδες, που μάχονταν ξερακιανοί στα καΐκια για το μεροφάι. Μεγαλώνοντας σ᾽ αυτό το περιβάλλον ο ίδιος, οραματίστηκε περαιτέρω πως δεν αγαπήθηκε ποτέ πραγματικά, κανείς δεν του συμπαραστάθηκε με κατανόηση, δεν μπόρεσε ούτε στο σχολείο να πάει ούτε στον ναό για να μάθει κάτι καλό.

Βρέθηκαν τότε κάποιοι άλλοι ψαράδες που του είπαν: «Πάμε στον ωκεανό. Εκεί υπάρχουν βαρκάρηδες που περνούν από κοντά μας και μεταφέρουν χρυσό και κοσμήματα, ακόμη και λεφτά μερικές φορές. Ένα τέτοιο ταξίδι κι έχουμε λύσει εφ' όρου ζωής το πρόβλημα της φτώχειας μας». Έτσι πήγε μαζί τους κι έγινε πειρατής και άρχισε να κλέβει και να βαράει. Είδε τότε και μια όμορφη κοπελιά. Μπορεί ως τότε να μην είχε αγγίξει καμία άλλη, αλλά εδώ στ' ανοιχτά του ωκεανού δεν υπήρχε αστυνομία ούτε τιμωρία, έτσι έπεσε με τα μούτρα στο πάθος του για να το σβήσει.

Μ' αυτές τις σκέψεις συνέχισε ο βουδιστής καλόγερος να βλέπει εκατοντάδες παιδιά να γεννιούνται σε παρόμοιες συνθήκες, χωρίς να τους έχει μάθει ποτέ κανείς ποιο είναι το καλό και ποιο το κακό, χωρίς να τους έχουν διδάξει εκείνα τα ηθικά και συναισθηματικά ελατήρια που χτίζουν την αγιότητα, χωρίς να έχουν εκείνες τις ανέσεις που όλοι στον δυτικό κόσμο θεωρούμε αυτονόητες. Γεννήθηκε τότε μέσα του μια απεριόριστη αγάπη για τους πάντες. Έπαυσε να υποφέρει και αγκάλιασε μέσα του εξίσου το κορίτσι με τον πειρατή. Βρήκε την πιο βαθιά ευτυχία και γαλήνη σε μια πεπλατυσμένη καρδιά…

Είπε μετά στους μαθητές του: «Όταν απευθύνεστε σ' εμένα ως "Σεβάσμιε Νιάτ Χαν", απαντάω "Ναι". Όταν φωνάζετε τ' όνομα του παιδιού που βιάστηκε, επίσης απαντάω "Ναι". Αν πείτε τ' όνομα του πειρατή, πάλι θα πω "Ναι". Αναλόγως πού έχω γεννηθεί και κάτω υπό ποιες συνθήκες ανατράφηκα, μπορεί να είμαι το κορίτσι ή μπορεί να είμαι ο πειρατής. Είμαι το παιδί στην Ουγκάντα ή στο Κονγκό, μόνο πετσί και κόκκαλα, με τα δυο μου ποδάρια σαν βέργες από μπαμπού. Είμαι επίσης κι ο έμπορος όπλων, που πουλάει τα θανατηφόρα όπλα στο Κονγκό…»[6]

Αυτά τα τελευταία λόγια εκφράζουν τέλεια τη χριστιανική δικαιοσύνη, που δεν είναι η τιμωρία ούτε η ισότιμη ανταπόδοση ούτε το κανονιστικό δίκαιο, παρά η ανενδοί-

---

6 Thich Nhat Hanh, *At home in the world*, p. 79-81, Rider, 2016.

αστη συγχώρεση, η απόλυτη αγάπη και αποδοχή, η θεραπευτική αγκαλιά όλων, η δικαίωση των πάντων.

(5)
«μακάριοι οἱ ἐλεήμονες,
ὅτι αὐτοὶ ἐλεηθήσονται»

Αυτός ο μακαρισμός του Χριστού έχτισε τα μεγαλύτερα θαύματα της ανθρωπότητας. Δεν είναι τυχαίο ότι οι εμπνευστές του πρώτου δημόσιου συστήματος υγείας ήταν ο άγιος Ιωάννης Χρυσόστομος κι ο Μέγας Βασίλειος. Ο πρώτος, εκτός των άλλων, πούλησε τα πολυτελή σκεύη κι έπιπλα της Αρχιεπισκοπής για τη συντήρηση των παλαιών φιλανθρωπικών ιδρυμάτων και τη δημιουργία νέων, ενώ έκτισε λεπροκομείο στην πλουσιότερη συνοικία της Κωνσταντινούπολης με τίμημα την εξορία του και τον βασανιστικό θάνατό του.

Ο δεύτερος έφτιαξε –κουβαλώντας ο ίδιος οικοδομικά υλικά με το λιπόσαρκο σώμα του– την πρώτη πόλη αγάπης στην ιστορία της ανθρωπότητας, την επονομαζόμενη Βασιλειάδα. Αυτή περιείχε το πρώτο δημόσιο νοσοκομείο, στο οποίο υπήρχαν κατοικίες γιατρών, νοσηλευτικού προσωπικού, ειδικές πτέρυγες για λεπρούς και πάσχοντες από επιδημικές ασθένειες. Επιπλέον στέγαζε πτωχοκομείο, ξενώνες, γηροκομείο, επαγγελματικά εργαστήρια, βουστάσια κ.ά. Στη Βασιλειάδα δέχονταν πάντοτε όλους τους ανθρώπους, ανεξαρτήτως εθνοτήτων και θρησκειών. Είναι γνωστό από τα κείμενα ότι ο Βασίλειος, παρότι καταγόταν από αριστοκρατική οικογένεια, «έδινε το χέρι στους λεπρούς, τους φιλούσε αδελφικά και τους φρόντιζε ο ίδιος προσωπικά».

Είναι αυτοί οι λόγοι που οδήγησαν τον Γρηγόριο Θεολόγο να θεωρήσει τη Βασιλειάδα σπουδαιότερη απ᾽ τα επτά θαύματα του κόσμου. Εφόσον τα πρώτα προσέφεραν λίγη δόξα σ' αυτούς που τα έφτιαξαν, ενώ εκείνη ήταν πηγή ευτυχίας για αμέτρητους ανθρώπους...

Ο μοναδικός όρος της ελεημοσύνης είναι «σοῦ δὲ ποιοῦντος ἐλεημοσύνην μὴ γνώτω ἡ ἀριστερά σου τί ποιεῖ ἡ δεξιά σου» (Ματ. 6:3).

(6)
«μακάριοι οἱ καθαροί τῇ καρδίᾳ, ὅτι αὐτοὶ τὸν Θεὸν ὄψονται»

Έχουμε το θάρρος να μεταμορφώνουμε όλες τις πράξεις της ζωής μας σε αγάπη, όλες τις ανάσες μας σε προσευχή καλοσύνης κι όλους τους χτύπους της καρδιάς μας σ' ένα κάλεσμα στην αγκαλιά μας; Γίνεται όταν φοράμε τα ρούχα μας να σκεφτόμαστε με συμπόνοια εκείνους που κρυώνουν κι όταν τρώμε να προσευχόμαστε για εκείνους που πεινάνε; Όταν ξαπλώνουμε να παρακαλούμε για την ανάπαυση όλων κι όταν χαιρόμαστε να αφιερώνουμε την ευτυχία μας στους αναξιοπαθούντες; Να κάνουμε κάθε πράξη μας μια προσφορά, ακόμη και τον ίδιο τον εαυτό μας;

Ο Ινδός σοφός του 8ου αι. Σαντιντέβα προσευχόταν σ' ένα απ' τα πιο όμορφα και σπουδαία έργα που έχουν γραφεί ποτέ:

«Απ' τις αρετές που μέχρι τώρα έχω μοχθήσει,
ας παύσουν οι δυστυχίες όλων των όντων,
ας υπηρετήσω τους πάντες ως γιατρός ή τροφός,
να γίνω και το φάρμακό τους ακόμη,
έως ότου γιατρευτούν και ευτυχήσουν.
Να διαλύσω κάθε έγνοια πείνας και δίψας
με πλημμύρες φαγητών και ποτών,
και στους δύσκολους καιρούς των λιμών που θα 'ρθουνε
να μεταμορφωθώ εγώ ο ίδιος σ' αυτά.
Είθε να είμαι όλα όσα οι φτωχοί και οι καταφρονημένοι
χρειάζονται

και να μένω πάντοτε κοντά τους με αγάπη.
Το σώμα μου, τις απολαύσεις μου και όλες τις αρετές μου
τους προσφέρω δίχως τύψεις.
Αν ελεύθερος είσαι αληθινά όταν όλα τα χαρίζεις,
ποιο το όφελος να κρατήσεις κάτι για σένα;
Έχοντας το σώμα μου πλέον ιδιοκτησία τους,
ας το χρησιμοποιούν όπως θέλουν,
μόνο να το κάνουν για την ευτυχία τους.
Το έχω δώσει πια προσφορά,
γιατί να το φυλάω γι᾿ ακριβό;
Ας είναι τουλάχιστον πηγή ευεργετημάτων για όλους.
Αν αυτοί που με συναντούνε,
νιώθουνε στα σπλάχνα τους θυμό
ή σκέψεις βάναυσες για μένα,
είθε αυτός ο αρνητικός τους νους
πάντοτε να γίνεται πηγή ευτυχίας.
Τους εύχομαι πραγματικά, όσους με βλάπτουν,
να φτάσουνε στη φώτιση.
Είθε να ᾿μαι ο οδηγός τους και ο προστάτης τους,
η λέμβος τους και η γέφυρά τους,
το νησί τους και η λυχνία τους,
το κρεβάτι τους και ο υπηρέτης τους,
το πετράδι των ευχών τους,
το ανθοστόλιστο βάζο τους,
η προσευχή τους,
το θαυματουργό δέντρο τους και άλλα πολλά.
Όπως η γη, ας είμαι το έδαφός τους
και ο δωροδότης της ζωής τους,
και μέχρι να σβήσουνε τις θλίψεις
να τους παρέχω ό,τι χρειάζονται για την ευτυχία τους».

Ο δρόμος και η ζωή των Μποντισάτβα[7]

---

7 Rene Feusi, *The beautiful way of life*, p. 16, 17, Wisdom Publications, 2015.

Όταν η καρδιά καθαρίσει μ' αυτές τις όμορφες σκέψεις, τότε ο Θεός θα φανερώνεται παντού· στον φτωχό, στον πονεμένο, στον ασθενή, στο σκουπίδι στον δρόμο που περιμένει να το σηκώσεις, στο μικρό πλασματάκι που ζητάει να μην το πατήσεις, ακόμη και στο λουλούδι ή στο χορτάρι...

(7)
«μακάριοι οἱ εἰρηνοποιοί, ὅτι αὐτοὶ υἱοὶ Θεοῦ κληθήσονται»

Ένας απ' τους μεγαλύτερους ειρηνοποιούς της ιστορίας ήταν ο Μαχάτμα Γκάντι. Στη διάρκεια του 20^{ού} αι., που ήταν ίσως ο πιο αιματηρός της ανθρωπότητας, ο Γκάντι ανέπτυξε μια μέθοδο αντίστασης «μη βίας» (Αχίμσα), καταφέρνοντας να υποκινήσει σε ειρηνική επανάσταση έναν λαό τριακοσίων εκατομμυρίων. Ο ίδιος πέρασε απ' τον Γολγοθά αμέτρητων εξευτελισμών, εκούσιων συλλήψεων και ασταμάτητων απεργιών πείνας προκειμένου να πείσει για το δίκαιο του αγώνα του, να κινητοποιήσει ψυχές, να σταματήσει βίαιες εξάρσεις. Πάντοτε όμως παρέμενε ένας γαλήνιος, ειρηνικός και ταπεινός αγωνιστής γεμάτος από ευτυχία, που ακολουθούσε το μήνυμα του δικού του Θεού.

Το πρόσωπό του ενέπνευσε κατόπιν τον Βινόμπα Μπάβε (Vinoba Bhave) να ζητάει περιοδεύοντας με τα πόδια σ' όλη την Ινδία απ' τους πλούσιους να τον θεωρήσουν έναν απ' τους γιους τους και να του προσφέρουν ένα μικρό μέρος της περιουσίας τους –το ένα έκτο– για να το προσφέρει στους φτωχούς. Έτσι, για πρώτη φορά στην ανθρώπινη ιστορία, δωρίστηκαν 16 περίπου εκατομμύρια στρέμματα γης (όσο περίπου η επιφάνεια όλης της Σκωτίας) χωρίς το παραμικρό ίχνος βίας, λεκτικής ή φυσικής.

Ενώ το ίδιο ισχυρή ήταν και η επίδραση του Γκάντι στον Χαν Αμπντούλ Γκαφάρ, που αντιστάθηκε χωρίς τη χρήση βίας στην αγγλική κατοχή, όταν δημιούργησε τον μεγαλύτερο ειρηνικό στρατό της ιστορίας με περισσότερους από εκατό χιλιάδες μουσουλμάνους.

Οι μεγάλοι αυτοί ειρηνοποιοί ήταν άνθρωποι χαρούμενοι, χαμογελαστοί κι ευτυχισμένοι, τοποθετώντας τον εαυτό τους στη θέση του θύματος. Μ' αυτόν τον τρόπο έκαναν επίσης ευτυχισμένους αμέτρητα εκατομμύρια ανθρώπους...

(8)
«μακάριοι οἱ δεδιωγμένοι ἕνεκεν δικαιοσύνης,
ὅτι αὐτῶν ἐστιν ἡ βασιλεία τῶν οὐρανῶν»

Στην εποχή μας μπορεί να μην υπάρχουν πλέον οι χριστιανικοί διωγμοί του παρελθόντος, ή η σκλαβιά των μαύρων ή των Εβραίων, ή η υποβάθμιση των γυναικών, αλλά υπάρχει το bullying, ο διωγμός των ομοφυλόφιλων, η περιθωριοποίηση του διαφορετικού ή του ξένου, ο ρατσισμός προς τους αλλοδαπούς, η καχυποψία προς τους ισλαμιστές, κ.λπ.

Οι περισσότεροι πιστοί τείνουν να κόψουν και να ράψουν τον Θεό στα μέτρα τους, να τον σμικρύνουν σύμφωνα με τη σκέψη τους, να τον κάνουν λιλιπούτειο. Όμως ο Θεός είναι η βάση της ύπαρξης, όπως το νερό είναι η βάση της ζωής. Και αν το νερό μπορεί από ταπεινότητα να γίνεται λουλούδι ή να γίνεται δέντρο, να γίνεται ποτάμι ή να γίνεται σύννεφο, να γίνεται δάκρυ χαράς και δάκρυ ευτυχίας, ή να γίνεται ακαθαρσία και περίττωμα, τότε πόσο μάλλον ο ταπεινός Θεός των χριστιανών, γίνεται οι πάντες και τα πάντα. Στ' αλήθεια, ο Θεός της πόρνης είναι Πόρνος κι ο Θεός του ομοφυλόφιλου είναι Ομοφυλόφιλος, ο Θεός του ευτυχισμένου είναι Χαμόγελο κι ο Θεός του δυστυχισμένου είναι Δάκρυ, ο Θεός του πεινασμένου είναι Άδειο Στομάχι κι ο Θεός του αδικημένου είναι Παρηγοριά.

Όλα τα πλάσματα δικαιούνται την ευτυχία στη μία και μοναδική ζωή τους (αν υπάρχει επέκεινα δεν θα πρόκειται για *ζωή* αλλά για κάτι *άλλο*), γι' αυτό κι ο Θεός θα είναι πάντοτε μαζί μ' εκείνον που διώκεται αναζητώντας την ευτυχία κι όχι μ' εκείνον που προσπαθεί να του τη στερήσει. Είναι με τον ομοφυλόφιλο που επιθυμεί να ζει ελεύθερος τον έρωτά του όπως τον ζει ο καθένας, παρά με το ποίμνιο που προσεύχεται τη διόρθωσή του. Είναι με οποιονδήποτε παρία που φωνάζει γι' αναγνώριση, παρά με τον πιστό που ζητάει την απαλλαγή του κόσμου απ' την «αμαρτία»...

(9)
«μακάριοί ἐστε ὅταν ὀνειδίσωσιν ὑμᾶς καὶ διώξωσι καὶ εἴπωσι πᾶν πονηρὸν ῥῆμα καθ' ὑμῶν ψευδόμενοι ἕνεκεν ἐμοῦ»

Σκέφτομαι, πόσες φορές άραγε στην ανθρώπινη ιστορία παρεξηγήθηκε αυτός ο μακαρισμός; Πόσοι μουσουλμάνοι ανατινάζονται ακόμη και σήμερα, θεωρώντας πως συμμετέχουν *ονειδιζόμενοι* και *δεδιωγμένοι* στον δίκαιο αγώνα του Αλλάχ; Πόσοι χριστιανοί συμπεριφέρονται αυτοδικαιωτικά θεωρώντας ότι οι υπόλοιποι *αμαρτωλοί* αποτυγχάνουν να γνωρίσουν την Αλήθεια τους; Πόσοι είναι εκείνοι που νιώθουν όμορφα σε μια νευρωτική ή παραισθησιογόνα πίστη επειδή οι άλλοι τους διώκουν; Είχε απόλυτο δίκιο ο Νίτσε (1844-1900) όταν έγραψε στο αριστούργημά του *Έτσι μίλησε ο Ζαρατούστρα*: «Το αίμα είναι όμως ο χειρότερος μάρτυρας της αλήθειας»,[8] αφού μπορεί να είναι μάρτυρας μιας ψεύτικης και ψυχοπαθολογικής αλήθειας.

Η αντεστραμμένη πυραμίδα του Ιησού έχει πολύ ευαίσθητη ισορροπία, στέκεται πάνω σε μια αιχμή καρφίτσας.

8 Φρίτριχ Νίτσε, Έτσι μίλησε ο Ζαρατούστρα, σελ. 137, Πανοπτικόν, 2010.

Με την παραμικρή αμφιταλάντευση ή την ελάχιστη εκτροπή μπορεί να εκτραπεί, να σωριαστεί και να γίνει σκόνη.

Σώζεται απ' το πέσιμο πάντοτε με το ζωντανό παράδειγμα των αγίων –εντός κι εκτός Χριστιανισμού– που αποκαλύπτει τον Θεό στον κόσμο. Όχι με τρόπο διανοητικό ή συγκριτικό, ούτε μέσα από θεολογικές ή φιλοσοφικές λεπτολογίες, παρά στην πράξη, στην αγιότητα, στην ταπείνωση και στην αγάπη.

Η ευτυχία που δίδαξε ο Ιησούς στους μακαρισμούς αποκαλύφθηκε σ' όλον τον κόσμο, σ' όλες τις θρησκείες και σ' όλους τους πολιτισμούς, σ' όλες τις εποχές, σ' όλα τα όντα. Απλά για να τη φθάσεις πρέπει να βρεθείς πολύ, πολύ χαμηλά...

Αν θέλετε να την αναζητήσετε κι εσείς, γονατίστε στα πόδια, ακόμη και αν δεν το έχετε κάνει ποτέ ξανά στη ζωή σας... Πέστε κι άλλο χαμηλά! Ανοίξτε τα χέρια προς τα μπροστά, όπως θα κάνατε για να πιάσετε μια μεγάλη μπάλα. Τόσο μεγάλη όσο όλο το σύμπαν. Πιάστε την!

Σωριαστείτε στο έδαφος απλώνοντας τα χέρια σας σαν φτερούγες για να πετάξετε ή για να μιμηθείτε τον Εσταυρωμένο. Προσπαθήστε το ακόμη και αν σας φαίνεται περίεργο. Αφήστε «το σώμα σας να διδάξει την ψυχή σας κάτι σημαντικό».[9] Μείνετε χαμηλά μαζί Του στον πυθμένα. Εκεί είναι η πηγή κάθε ευτυχίας... Ξεδιψάστε...

---

9 Jon M. Sweeney, *The St. Francis Holy Fool Prayer Book*, p.50, Paraclete Press, 2017.

Βιογραφικό

Ο Παναγιώτης Ασημεόνογλου γεννήθηκε το 1982 στη Θεσσαλονίκη και μεγάλωσε στο Ωραιόκαστρο Θεσσαλονίκης. Σπούδασε Φυσική στο ΑΠΘ κι έκτοτε εργάζεται ως καθηγητής Μέσης Εκπαίδευσης.

Επί σειρά ετών εντρύφησε σε θέματα επιστήμης, φιλοσοφίας, θρησκειολογίας, ψυχολογίας, μυστικισμού, αποκρυφισμού, τέχνης κ.ά.

Τα τελευταία χρόνια ασκείται καθημερινά στο Ζεν.

Από τις εκδόσεις Δαιδάλεος κυκλοφορούν τα προσωπικά του βιβλία *Σαν άνθη κερασιάς, σπουδή στο σαμουράι Ζεν* (2017) και *Ασκήσεις Αναπνοής από τους Σοφούς της Ανατολής* (2018).

Συμβουλές για μια ευτυχισμένη ζωή γεμάτη νόημα και βάθος

...

γράφει ο
Γρηγόρης Βασιλειάδης

Σ υνήθως ζητάς την αυτογνωσία κινούμενος από το αίτημα μιας ναρκισσιστικής αναζήτησης της ευζωίας. Αυτό είναι φυσικό. Αν θες όμως στ' αλήθεια να τη συναντήσεις και να σχετιστείς ψυχοπνευματικά με την ευτυχία, χρειάζεται να υπερβείς αυτό το περιοριστικό κριτήριο.

Χρειάζεται να βάλεις στο στόχαστρο της αναζήτησής σου την κατάκτηση των παρακάτω επιμέρους ενδοψυχικών και διαπροσωπικών δεξιοτήτων:

- την ικανότητα **να υποχωρείς στην αυθεντία, αλλά και ταυτόχρονα να την αμφισβητείς όταν παρουσιάζεται ανάγκη,**
- την ικανότητα **να αγαπάς τον σύντροφό σου και σε δύσκολες και σε ευτυχισμένες στιγμές,**
- την ικανότητα **να ανέχεσαι τη μετάβαση απ' τον ρομαντικό έρωτα στη συζυγική αγάπη μέσα σε μια μακροχρόνια σχέση,**

- την ικανότητα **να αγαπάς και να μισείς χωρίς φόβο**,
- την ικανότητα **να διατηρείς, από τη θέση του γο-νιού, την ισορροπία ανάμεσα στην απόλυτη εμπλο-κή και τη φροντιστική αποστασιοποίηση**,
- την ικανότητα **να επιδιώκεις τη σταθερότητα και την ασφάλεια, και συγχρόνως να είσαι σε θέση να εξερευνάς καινούργια πεδία**,
- την ικανότητα **να συμβιβάζεσαι με την απώλεια και να πενθείς με σωστό τρόπο**,
- **να μπορείς να αποσυνδέεσαι** από τα παιδιά σου, απ' την εργασιακή απασχόληση, λόγω της εξόδου σου από την εργασία, και τελικά από την ίδια τη ζωή,
- **να αποδέχεσαι το αναπόφευκτο των ορίων σου**, και τελικά του ίδιου του δικού σου θανάτου,
- **να διατηρείς σχετική αισιοδοξία**, χωρίς να κατακλύ-ζεσαι από απαισιοδοξία.
- **Να 'ναι προτεραιότητά σου η αναζήτηση του πρω-ταρχικού, αληθινού σου εαυτού.** Όχι εκείνου που συνήθισες να αναγνωρίζεις ως τη μόνιμή σου ταυτό-τητα, όχι αυτού που ξέρεις επειδή έμαθες από τους άλλους ότι είσαι. Αλλά εκείνου του Εαυτού με τον οποίο σε συνδέουν πρώιμες, ανεπαίσθητες μνήμες έντονων και αλησμόνητων καθαρών –από σύνθετες προσμίξεις– συναισθημάτων (θλίψης, οργής, από-γνωσης, χαράς, κ.λπ.).
- Αντί να ψάχνεις για απαντήσεις σε ήδη «φορεμένες» ερωτήσεις, βάλε στόχο **να γεννήσεις νέες δικές σου ερωτήσεις**, ή ερωτήσεις που ήδη τέθηκαν από άλ-λους αναζητητές, με τις οποίες όμως συνδέεσαι καρ-διακά και βαθιά.
- **Αναζήτησε με πάθος την ελπίδα και τη χαρά.** Ο αυθεντικός όμως αναζητητής της ζωντανής και ατέ-λειωτης χαράς γεννιέται μέσα από τις στάχτες του

ψευδούς σου εαυτού. Μόνο αφού, με τη βοήθεια της σε βάθος αυτογνωστικής σου εκζήτησης, έρθεις σε επαφή με τις σκιώδεις, απωθημένες και δυσάρεστες πλευρές του επίκτητού σου εαυτού, μόνο αφού τις αναγνωρίσεις και τις βιώσεις στην ψυχοθεραπεία σου, παίρνεις το «πάσο» για ελεύθερη κι εγκάρδια πρόσβαση στον πυρήνα της δημιουργικότητάς σου. Στο όντως ζωντανό, ψυχοπνευματικό ον που σε κατοικεί και ζητάει από σένα όλα ή τίποτα.

• **Μάθε να συνδέεσαι με το σώμα σου.** Σε αυτό βρίσκονται καταγραμμένες συναισθηματικές αναμνήσεις που, αν και δεν είναι δυνατόν να ανακαλεσθούν από το software της επίκτητης προσωπικότητας -επειδή αυτή άρχισε να δομείται στα ύστερα χρόνια της παιδικής ηλικίας-, συνεχίζουν να ζουν ενσωματωμένες και ατόφιες στον «σκληρό δίσκο» της σωματικής μνήμης. Η επανασύνδεσή σου με τη σωματικότητα θα σου ανοίξει τον δρόμο για να αρχίσεις να γνωρίζεις τον αληθινό σου εαυτό. Θα σε βοηθήσει δηλαδή να ζήσεις πιο συνειδητά τα απωθημένα συναισθήματά σου που για χρόνια σε κρατούν φυλακισμένο μακριά από την πηγή της φυσικής σου ζωτικότητας, αυθεντικότητας και χαράς: Από το παιδί που κρύβεις μέσα σου, πίσω από τη μάσκα ενός προσαρμοσμένου αλλά δυστυχή ενήλικα.

• **Καλωσόρισε το μπέρδεμα και τη δυσφορία *που σου δημιουργούν οι εσωτερικές σου συγκρούσεις*.** Μόνο η πρόθεσή σου να συμβιώσεις μαζί τους και να τις αγκαλιάσεις θα σε οδηγήσει στην άρση του ψεύτικού σου εαυτού, και στην ανάδειξη ό,τι πιο αληθινού έχεις μέσα σου.

• **Η εμμονή στη συνήθεια σε καθηλώνει σε εσωτερική στασιμότητα και βαρεμάρα**, σε υπνωτίζει οδηγώ-

ΕΥΤΥΧΙΑ ΚΑΙ ΠΩΣ ΝΑ ΤΗΝ ΚΑΤΑΚΤΗΣΕΙΣ

ντας σε έναν υπαρξιακό θάνατο. Ο μονόδρομος της συνήθειας σε απομακρύνει πάντα από τη συνάντηση με την αλήθεια. **Μάθε εκουσίως να ξεβολεύεσαι.** Ή, αν αυτό σου είναι αρχικά δύσκολο, προσπάθησε να αποδέχεσαι τις συνθήκες της ζωής που ανατρέπουν τα σχέδιά σου.

- **Σταμάτα να είσαι ψευτο-καλούλης!** Γίνε σκληρός, δηλαδή αληθινός, πρώτα με τον εαυτό σου. Συνεπής, υπεύθυνος, στοχευμένος, λιτός, φλογερός, άπληστος και μαζί ολιγαρκής. Κάθε στιγμή ζωής είναι μια μάχη, μια απόφαση, μια γεμάτη νόημα επιλογή. Μην υποτιμάς καμιά στιγμή, κανένα σου λόγο, καμιά σου σκέψη, κανέναν και τίποτα.

- **Ζύγισε τους ανθρώπους και τα πράγματα σαν να είναι ο μόνος σου θησαυρός.** Δεν υπάρχει καθόλου χρόνος κι ενέργεια σ' αυτή τη ζωή για πέταμα. Κάθε «ασήμαντη» σκέψη και πράξη σου σε προετοιμάζει για τους σημαντικότερους σκοπούς της ζωής σου.

- **Μάθε να θέτεις συγκεκριμένους στόχους που ετοιμάζουν «άπιαστους» σκοπούς,** δηλαδή σκοπούς που σε υπερβαίνουν, εσένα και τις γνωστές σου δυνατότητες.

- **Μάθε να λες πολλά κι ολόψυχα «όχι».** Το «όχι» σου να είναι «όχι», για να είναι το «ναι» σου όντως «ναι». Ο δρόμος της ψυχής σου προς το μεγάλο «ΝΑΙ», είναι στρωμένος με πολλά μικρά και μεγάλα «όχι».

- **Χτίσε με γερές πέτρες τη γνώμη σου, ψήλωσε και δυνάμωσε το εγώ σου.** Τόσο, ώστε να θελήσεις κάποια στιγμή ολόψυχα να το εγκαταλείψεις για έναν εαυτό απλούστερο, ανώτερο και πιο ολοκληρωμένο.

- Με τη γλώσσα σου συγκατασκευάζεις με τους ομόγλωσσούς σου την πραγματικότητα που θέλεις να ζήσεις, και τελικά βιώνεις. Δημιουργείς μαζί με τους άλλους τη ζωή σου, μέσα από κάθε σου λέξη. Γι' αυτό **πρόσεχε πώς χρησιμοποιείς τις λέξεις, τι λες και τι γράφεις.**

- **Θυσίασε την ανάγκη του ψευδούς σου εαυτού να δείχνεις «φυσιολογικός»** αν θες να διεκδικήσεις βαθμούς αυθεντικότητας κι ελευθερίας.

- **Καλωσόρισε τη μοναχικότητα, ακόμα κι αν αυτή φοράει τον μανδύα της απειλητικής μοναξιάς** που σου υπενθυμίζει τους πιο τρομακτικούς σου φόβους και σε φέρνει αρχικά αντιμέτωπο με τη μεγαλύτερη πηγή της ανασφάλειάς σου. Καθώς της κάνεις παρέα, η μοναξιά θα γίνει προοδευτικά φίλη της ψυχής σου, που σταδιακά θα σε εισαγάγει στις πιο βαθιές σου επιθυμίες κι ενδοψυχικές διεκδικήσεις. Όσο αρχικά σε φοβίζει, τόσο στην πορεία θα σε πληρώσει, ελευθερώνοντάς σε από τις περιοριστικές σου αναστολές.

- **Μη σταματάς ποτέ να αναζητάς το πιο απροσπέλαστο νόημα του πόνου σου, σωματικού και ψυχικού.** Η όποια αρρώστια σου θα θεραπευτεί μόνο στον βαθμό που αναγνωρίζεις ξεκάθαρα και βιωματικά συνειδητοποιείς τις ενδοψυχικές αιτίες και τις συγκρούσεις που γέννησαν την ανάγκη της συγκεκριμένης ψυχοσωματικής εκδραμάτισης. Μόλις βιώσεις ενδοψυχικά την απόπειρα του οργανισμού σου να σε ελευθερώσει αναδεικνύοντας την εσωτερική σου σύγκρουση στο σώμα, οι σωματικές εκδηλώσεις (συμπτώματα) θα αρχίσουν να υποχωρούν.

- **Χρειάζεται να μάθεις να συνδέεσαι πρώτα με τον εαυτό σου (το σώμα, τα συναισθήματα και τις επιθυμίες σου, τα «θέλω» και τα «δεν θέλω» σου) και, κατόπιν, με τους άλλους.** Αφού μάθεις να ακούς τις δικές σου φωνές, μπορείς να ακούς και αυτές των άλλων.

- **Εκπαιδεύσου να αναγνωρίζεις τα συναισθήματά σου** που προκύπτουν ως αποτέλεσμα της αλληλεπίδρασής σου με τους άλλους, να τα εκφράζεις και να τα διεκδικείς μέσα στις σημαντικές σου σχέσεις.

- Μην ξεχνάς **να συναντάς τον ελλειμματικό σου εαυτό στις διάφορες εκδοχές του**, καθώς προσκρούεις πάνω στις ματαιώσεις της καθημερινότητας και των εσωτερικών σου διαλόγων. Στόχος της αυτογνωσίας δεν είναι να αλλάξεις, και από «λάθος» –που τώρα υποτίθεται πως είσαι– να γίνεις «σωστός», αλλά να αναγνωρίσεις, να αποδεχτείς και να αγαπήσεις ό,τι είναι εγκατεστημένο βαθιά μέσα σου: τα συμπλέγματα, τα αρνητικά σου συναισθήματα, κυρίως τις εσωτερικές σου πλευρές που, προβάλλοντάς τες συνήθως πάνω στους άλλους, τις απορρίπτεις ή τις εξιδανικεύεις.

- Άλλος στόχος της αυτογνωστικής διαδικασίας είναι **να συναντήσεις στο υποκείμενο της βούλησής σου την ανέγγιχτη από τις διαστάσεις του χρόνου ασυνείδητη Επιθυμία** που διακινεί τα όνειρά σου και σε συνδέει με τη ζωή και την αιωνιότητα. Εκεί που τελειώνουν οι εικονικοί φόβοι και οι ψευδαισθήσεις, αρχίζει η Επιθυμία να αναστυλώνει την ψυχή, καθώς της αρέσει να σχετίζεται ερωτικά μαζί της.

- Είναι σημαντικό να μάθεις **να αναγνωρίζεις τα προσωπικά σου όρια και να τα διεκδικείς** στη συντροφική σου σχέση, στις επαγγελματικές, ενδοοικογενειακές και φιλικές σου συναλλαγές.

- **Κράτα τον εαυτό σου ενεργοποιημένο σε στάση ψυχικής εγρήγορσης** αν θες να έρθεις κάποια στιγμή σε πνευματική αφύπνιση.

- **Η τραυματική σου παιδική ηλικία δεν είναι «σημαία»**, ώστε ανεμίζοντάς τη για χρόνια να διεκδικείς το «δικαίωμά» σου να μη μεγαλώνεις ψυχικά, να παραμένεις ψυχοπνευματικά «κλινήρης», φοβισμένος και ανάπηρος. Αντίθετα, αν θελήσεις **να αξιοποιήσεις τα τραύματά της**, μπορεί να γίνει το πιο σημαντικό εφαλτήριο υπαρξιακής ανάκαμψης, ελπίδας, πίστης και αγάπης.

- **Κάνε τα προβλήματα της ζωής σκαλοπάτια** για να ανέβεις στην κορυφή που ο Θεός σε καλεί να κατακτήσεις. Κάθε πρόβλημα είναι μια μεταμφιεσμένη λύση. Τα προβλήματα δεν είναι εξισώσεις που απαιτούν δυνατούς λύτες. Είναι μεταμφιεσμένα «όνειρα» που τεντώνουν την επιθυμία της αυτοπραγμάτωσης, στοχεύουν στη βίωση του ιδανικού κόσμου και του εαυτού. Ο άνθρωπος που υποφέρει, δυσανασχετεί για δύο λόγους: πρώτον γιατί δεν έχει επίγνωση των εσωτερικών του συγκρούσεων, και δεύτερον γιατί δεν έχει δημιουργήσει ακόμα τις προϋποθέσεις για μια προσωπική ζωή γεμάτη με νόημα, πίστη κι ελπίδα, στον ίδιο, στους άλλους, στο παρόν και στο μέλλον.

  Για να σταματήσεις να έχεις συνεχώς αγωνία για το παραμικρό, χρειάζεται πρώτα να κατανοήσεις βιωματικά την ψυχική σου σύγκρουση και την προοπτική της, κι εκ νέου να νοηματοδοτήσεις σταδιακά τον χρόνο σου, την εργασία σου και τις κοντινές σου σχέσεις, ώστε να υπηρετούν όλα τις αξιακές σου τοποθετήσεις και τους υψηλούς σκοπούς της ζωής σου.

- **Ποτέ μη φοβάσαι να φοβηθείς**, αλλά επίσης ποτέ μην ολοκληρωτικά ταυτιστείς με τον φόβο σου, αν θέλεις να γνωρίσεις τη μεγάλη γκάμα των υπαρξιακών σου επιλογών και δυνατοτήτων.

- **Εξερεύνησε, με τη βοήθεια της σε βάθος ψυχοθεραπείας, το ασυνείδητο, προσωπικό και συλλογικό.**

Γιατί σ' αυτό θα βρεις τη μήτρα των πιο πυρηνικών κομματιών της δύναμης και της θεραπείας σου. Της δικής σου και του κόσμου.

- **Αναζήτησε το πληγωμένο και ξεχασμένο μέσα σου παιδί.** Συνάντησέ το και άκου τον πόνο που για χρόνια κουβαλάει εκ μέρους σου. Αν δεν του δώσεις χώρο κι οξυγόνο για να υπάρξει στην ενήλικη ζωή σου και αν δεν γίνετε αχώριστοι φίλοι, τότε θα χρειαστεί αναπόφευκτα να το προβάλεις στον σύντροφο και στα παιδιά σου, φορτώνοντάς τους με το βάρος της δικής σου ανεπεξέργαστης σκιάς.

- Ένας λόγος που ζεις με ψυχική δυσφορία, γεμάτος από αναποτελεσματικότητα και αρνητικά συναισθήματα για τον εαυτό σου και τους άλλους, είναι επειδή συνήθως ζεις μηχανιστικά όχι τη δική σου εσωτερική ζωή, αλλά τη ζωή ενός άλλου. Συχνά, επειδή ασυνείδητα έχεις εσωτερικεύσει τις ψυχικές εκκρεμότητες της μητέρας ή/και του πατέρα σου, υιοθετείς τους δικούς τους δυσλειτουργικούς εσωτερικούς διαλόγους, ζεις τη ζωή που οι ίδιοι δεν έζησαν. Μόνο όταν αρχίσεις να ξεχωρίζεις την ήρα από το στάρι, **όταν ξεκινήσεις να ζεις τη δική σου ψυχική ζωή, απαλλαγμένη από τα απομεινάρια των επιρροών των δικών σου ανθρώπων, θα δεις εμπειρικά πως η ζωή είναι ωραία και πιο εύκολη απ' ό,τι φανταζόσουν.**

- Για να μεγαλώσεις, **πρέπει να μάθεις να κάνεις λάθη.** Να επιτρέπεις στον εαυτό σου να κάνει λάθη χωρίς ενοχές, αποδεχόμενος τη μεγάλη εκπαιδευτική τους χρησιμότητα. Γιατί μαθαίνουμε περισσότερο από τις επιγνώσεις που μας προσφέρουν οι λάθος επιλογές μας, παρά οι σωστές. Επίσης, μέσα από την επεξεργασία των λάθος επιλογών μας βαθαίνει μέσα μας η μεγάλη αρετή της ταπείνωσης, και αποκτούμε ρεαλιστικότερη αυτοεικόνα. Οι παραμορφωτικές ιδέες μεγαλείου που μας καθιστούν καθηλωμένους στην παιδαριώδη μας ανωριμότητα καταρρίπτονται και, ωριμάζοντας υπαρξιακά, έχουμε όλο και λιγότερο ανάγκη τα ίδια λάθη.

- **Αν είσαι αμφιθυμικός, δοκίμασε να πάρεις... λάθος αποφάσεις!** Η αναζήτηση μιας ιδεατής κι εξωπραγματικής τελειότητας συχνά σε δένει χειροπόδαρα σε μια ζωή αμετακίνητη, δίχως νόημα κι ελπίδα. Η συνεχής εκζήτηση της ασφάλειας μπορεί, αν δεν το προσέξεις, να γίνει ο τάφος σου. Η επιδίωξη της «τέλειας» απόφασης μπορεί να γίνει η ταφόπλακα των προοπτικών σου για ανάκαμψη και ψυχική καρποφορία.

- Αν είσαι ένας από τους πολλούς που ομολογούν: «Είμαι δειλός, συνεσταλμένος, γιατί φοβάμαι μη φάω χυλόπιτα...», καθώς διστάζουν να προσεγγίσουν το αντίθετο φύλο, τότε σου συνιστώ ανεπιφύλακτα: **«Να αρχίσεις μεθοδευμένα και συστηματικά να τρως χυλόπιτες!»**

- Εννοώντας πως έχει πολύ μεγάλη αξία να δοκιμάζεις τα όρια της εφευρετικότητας, της συναισθηματικής διαχείρισης της «αποτυχίας», των ανοχών και των ικανοτήτων που συνήθως ούτε καν φαντάζεσαι πως έχεις!

- Αντίθετα, γνωρίζω πως η καλύτερη μέθοδος για να αισθάνεται κάποιος αποτυχημένος κι εν τέλει καταθλιπτικός είναι να θεωρήσει την ασφάλεια της απροσπάθειας μαξιλαράκι καθησυχασμού και, επιζητώντας να αποφύγει τις «αποτυχίες» από το βιογραφικό του, να καταντήσει στο τέλος της ζωής του ένας άπραγος άνθρωπος γεμάτος από ψυχικές εκκρεμότητες, χωρίς την προοπτική της επίλυσής τους και της εσωτερικής του ολοκλήρωσης.

- **Μάθε να ακούς τη φωνή της σιωπής.** Στο βάθος της βρίσκονται όλες οι απαντήσεις και οι κρίσιμες ερωτήσεις που ψάχνεις. Διαφεύγοντας τη σιωπή, αρνείσαι την ευκαιρία να ανοίξεις το θησαυροφυλάκιο που θα σε κάνει όντως πλούσιο.

- **Να εξετάζεις συχνά την αυτοεικόνα σου, με αφορμή τα καθρεφτίσματα που σου προσφέρει η συνύπαρξή σου με τους άλλους,** με ταπείνωση να την αποδέχεσαι και να την προσφέρεις στον Θεό, για να την πλάσει όπως Εκείνος θέλει.

- **Μη χάνεις ευκαιρίες να δεις πως είσαι κομματιασμένος!** Μόνο ξεκινώντας από την επίγνωση της πολυδιασπασμένης σου ταυτότητας μπορείς να μεταμορφώσεις τη ζωή σου σε μια φιλόδοξη απόπειρα σύνθεσης κι ενοποίησης του αρχικού σου προσώπου.

- **Κάνε τον κόπο να κοιτάς τους ανθρώπους στα μάτια!** Μέσα σ' αυτά θα καθρεφτίζεις γρήγορα τα δικά σου κρυμμένα προσωπεία και, αν το θες να σε γνωρίσεις, θα αρχίσεις να συνδιαλέγεσαι μαζί τους. Κοιτώντας τον άλλον στα μάτια, θα βλέπεις ανά πάσα στιγμή με ποιο κομμάτι της ταυτότητάς του είναι κι εκείνος σε επαφή. Θα κερδίζεις βαθμούς οικειότητας, εγγύτητας κι αυθεντικής συνομιλίας. Μαζί θα μαθαίνετε πώς είναι η προσωπική σχέση.

- **Πάντα να ζητάς από τους ανθρώπους, αλλά μην περιμένεις τίποτα.** Μοιάζει με αντίφαση. Είναι όμως ένα παράδοξο που χρειάζεται βιωματικά να το χωρέσεις και να το δεχτείς.

- Όταν φτάσεις στο σημείο να διεκδικείς χωρίς να προσδοκάς, τότε θα κερδίζεις συνεχώς νέους βαθμούς ελευθερίας, θα αναπτύξεις νέα διάθεση για συγχώρεση, νέα καρδιά, συμπόνια και δοτικότητα με λιγότερες επιφυλάξεις.

- Όσο ισχυρότερη και πιο ανεξέλεγκτη είναι **η παρόρμησή σου να καταφεύγεις σε πηγές ηδονής (σεξ, φαγητό, ποτό, ναρκωτικά, τυχερά παιχνίδια, συχνή εναλλαγή ερωτικών συντρόφων, κ.λπ.**), τόσο μεγαλύτερο και πιεστικότερο είναι το βάρος και το βάθος του ασυνείδητου πόνου που επείγει από σένα να αποσιωπηθεί, να παραμείνει θαμμένο κάτω από το φως της επίγνωσης. Αντίστοιχα όμως πιεστική είναι και η ανάγκη της ψυχής για έκθεση κι αυτοαποκάλυψη. **Μάθε να γίνεσαι εγκρατής, να πειθαρχείς στην παρόρμηση της στιγμής.** Μόνο μέσα από την ενσυνείδητη υπακοή σου σε ένα ολοκληρωμένο σύστημα αυτοπειθαρχίας θα αρχίσεις να αντιλαμβάνεσαι πως, πίσω απ' όλα τα προσωπεία σου, **είσαι το υποκείμενο της επίγνωσης.**

- **Μην το παίρνεις προσωπικά** όταν βλέπεις πως ο/η σύντροφός σου, η μάνα σου ή ο κολλητός σου δεν σε καταλαβαίνουν, ότι σε αντιμετωπίζουν σκληρά και χωρίς συμπόνια. Το άτομο που δεν μπορεί να αντέξει τις δυσκολίες των άλλων, δεν το κάνει γιατί δεν έχει ακόμα πραγματικά αντιμετωπίσει τις δικές του δυσκολίες. **Προσπάθησε να γίνεσαι όλο και πιο επιεικής** πρώτα έναντι των δικών σου ευάλωτων πλευρών, και μετά θα είναι πιο εύκολο να είσαι επιεικής και με τις δύσκολες πλευρές των άλλων. Η επιείκεια πηγάζει από αυξημένη αυτεπίγνωση, φέρνει μακροθυμία, φωτισμό, αισιοδοξία και βελτιώνει ακόμα και τις πιο δύσκολες σχέσεις.

- **Κάνε συνήθειά σου να προσφέρεις, να ευεργετείς, να δίνεσαι σε αυτόν που σου ζητά.** Κάνοντάς το, σύντομα θα εμπειραθείς το δώρο της αγάπης όχι ως εμπειρία συναλλαγής, αλλά ως απότοκο εσωτερικής πληρότητας.

- **Να διαβάζεις πολλά και καλά βιβλία.** Βιβλία που αγγίζουν το κέντρο της καρδιάς σου και σου υπενθυμίζουν ό,τι προσπαθούν οι οικείοι σου, άλλοι και η κοινωνία να ξεχάσεις.

  Το καλό βιβλίο είναι το δάχτυλο που σου δείχνει το δικό σου φεγγάρι και τον ήλιο.

  Που κάνει απτούς τους πιο βαθείς σου πόθους και τους στοχοθετεί.

  Που σε διευκολύνει να σμιλεύσεις καρδιακά το ψυχοπνευματικό σου μονοπάτι, να αποκαλύψεις στη νόησή σου αυτό που η καρδιά σου από τη γέννησή σου γνωρίζει.

  Το καλό βιβλίο είναι οδοδείκτης προς το εστιατόριο που σχεδιάζεις να φας. Είναι το «μενού του καταστήματος». Έχε όμως επίγνωση πως σε καμία περίπτωση δεν είναι το γεύμα που ψάχνεις. Αυτό θα το βρεις εμπειρικά, αναγνωρίζοντας τις εσωτερικές σου αντιστάσεις στην κυρίαρχή σου επιθυμία, και κυρίως μέσα από τις δύσκολες σχέσεις σου με τους άλλους.

- **Ποτέ να μην εμπιστευτείς αυτόν που δεν πιστεύει στα πιο μεγάλα σου όνειρα.**

  Ποτέ μην εμπιστευτείς, μην πιστέψεις κάποιον που σε αποθαρρύνει, ισχυριζόμενος λογικά επιχειρήματα για να καταρρίψει τα πιο υψηλά σου όνειρα και φιλοδοξίες.

  Ποτέ μην εμπιστευτείς αυτόν που έχει την ανάγκη να καταστείλει την επιθυμία σου να πετάξεις προς τον προσωπικό σου ουρανό.

  Πάντα να πιστεύεις εκείνον που, ενώ σε βλέπει σήμερα μες στο κουκούλι σου, σου θυμίζει πως είσαι μια πανέμορφη, πολύχρωμη πεταλούδα.

- **Αν φοβάσαι την πλήξη, τότε χρειάζεται να τη βιώσεις βαθιά.** Να της επιτρέψεις να γεμίσει όλο σου το είναι. Κι όταν πια δεν τη φοβάσαι, την υπερβαίνεις με το αντίδοτό της: την απροϋπόθετη ζωτικότητα που πηγάζει απ' το κέντρο της καρδιάς σου. Εκεί μέσα δεν υπάρχει ούτε πλήξη ούτε συνήθεια.

- **Ο καθένας μας ελπίζει στη χωρίς προϋποθέσεις αγάπη.** Να αποκτήσει την εμπειρία της, να γίνει ο ίδιος αντικείμενο τέτοιας αγάπης.

Εκείνο όμως που ο καθένας μας δεν ξέρει είναι ότι:

- **Ο βαθύτερος σκοπός της ψυχής του ανθρώπου είναι να μετέχει στην απροϋπόθετη αγάπη, όχι μόνο ως υποδοχέας, αλλά κυρίως ως υποκείμενο της προσφοράς της!**

- **Η αγάπη αυτής της ποιότητας δεν βρίσκεται κάπου έξω από μας, αλλά κατοικεί στον πυρήνα της πνευματικής μας ταυτότητας.**

- **Όταν τη βιώσεις, η ζωή σου μεταμορφώνεται και οι προτεραιότητές σου αλλάζουν ριζικά.**

- **Προϋποθέτει βαθιά κοινωνία με την πρωτογενή επιθυμία, αυθεντικό βίωμα του εαυτού, αυτοταπείνωση, και δίνεται άνωθεν.**

- Η χωρίς όρια κι όρους αγάπη δίνεται σε εκείνον που μπορεί να βάζει όρια στον ψευδή του εαυτό και στους άλλους, σ' αυτόν που έχει κατακτήσει ένα βασικό επίπεδο ψυχικής υγείας κι ωριμότητας.

- **Επέτρεψε στους ανθρώπους να είναι όπως είναι.** Κανείς δεν μπορεί να αγαπήσει κάποιον που θέλει να του επιβάλλεται. Η καταλυτική αγάπη του Χριστού θεμελιώνεται στην αδιαπραγμάτευτη επιθυμία Του για ολοκληρωτικά ελεύθερη συγκατάθεσή μας στην αποδοχή της παρουσίας και της αγαπητικής προσφοράς Του. Γι' αυτό η αγάπη Του, στον βαθμό που κανείς τη βιώνει, μένει αλησμόνητη, δηλαδή αληθινή. Γι' αυτό στο πρόσωπό Του η αγάπη ταυτίζεται με την Αλήθεια.

- **Η σύγκριση μεγιστοποιεί τον ανθρώπινο** πόνο και μεγεθύνει την αίσθηση της έλλειψης. Αν θες κάποτε να βιώσεις ολοκληρωτική ευτυχία, **φρόντισε να νιώθεις χαρά κι ευγνωμοσύνη στο εδώ και τώρα της καθημερινότητάς σου.** Για να νιώθεις χαρά με το παραμικρό χρειάζεται να νιώθεις βαθιά αγαπημένος. Θα νιώθεις έτσι μόνο αν σε επισκεφτεί ο Θεός. Ζήτα ολόψυχα να σε επισκεφτεί κι αυτό θα γίνει. Και τότε θα χαίρεσαι «δίχως αιτία», κι όλα θα είναι μέσα σου πιο εύκολα και βατά.

- **Μάθε να λες πολλά κι εγκάρδια ευχαριστώ.** Να διαβάζεις πάνω απ' όλα ό,τι καλό έχουν μέσα τους οι άνθρωποι. Να τους το λες και να τους το δείχνεις. Όσο το κάνεις, μέσα σου θα έρχεσαι σε επαφή με τις καλές σου ποιότητες, αυτές που σε αναπαύουν, θα έχεις ειρήνη, δεν θα χρωστάς, θα 'σαι πιο ελεύθερος από εκκρεμότητες.

- **Αν φοβάσαι τον φόβο σου, αποστολή σου είναι όχι να τον νικήσεις, αλλά να τον αποδεχτείς.** Κι όταν αρχίσεις να τον αποδέχεσαι, ο φόβος δεν θα είναι για σένα πια πρόβλημα. Τότε θα μπορείς να τον υπερβείς πηγαίνοντας πέρα από τον φόβο. Στο άλλο άκρο του ίδιου συνεχούς που βρίσκεται η αγάπη.

- **Φόρεσε στη ζωή σου εν επιγνώσει όσο περισσότερες «μάσκες» μπορείς!** Υποδύσου κυρίως προσωπεία που έχεις τη βεβαιότητα ότι δεν σου ανήκουν, πως είναι ξένα προς τη φύση σου. Όσο περισσότερους ρόλους υποδυθείς στη ζωή σου, τόσο περισσότερες πιθανότητες έχεις να ανακαλύψεις ποιος στα αλήθεια, ποιος στον πυρήνα της ύπαρξής σου είσαι.

- **Κάνε παρέα με ανθρώπους που τεντώνουν τα όρια της επίγνωσής σου.** Που σου θυμίζουν πλευρές της προσωπικότητάς σου ξεχασμένες και παραμελημένες. Κάν' τους καθρέφτες εκείνων των εσώτερών σου διαστάσεων που, επειδή ανήκουν ακόμα στη σκιά σου, διστάζεις να τις αγγίξεις ή τις θεωρείς πολύ σπουδαίες για να τολμήσεις να τις ενσωματώσεις στην αυτοεικόνα σου.

- **Αν θες στα σίγουρα να γίνεις δυστυχής, τότε προσπάθησε με ό,τι σκέφτεσαι, λες και κάνεις να κρατάς ευχαριστημένους τους δικούς σου ανθρώπους, και κάθε άλλον που συναναστρέφεσαι.** Αν όμως θες να ευτυχήσεις, φρόντισε να λαμβάνεις σοβαρά υπόψη σου τη γλώσσα του σώματός σου, που συνήθως μέσα από τα σήματα που σου στέλνει (π.χ. ένα σφίξιμο του στομάχου, έναν πονοκέφαλο, μια ταχυκαρδία ή έναν κολικό) θέλει να σου θυμίσει το φυσικό και πηγαίο σου «θέλω». Μάθε να αναγνωρίζεις τις εσωτερικές σου συγκρούσεις και αμφιθυμίες και να τις επιλύεις κάνοντας το σώμα σου χαρούμενο και υγιές.

- **Όσο ζεις, είσαι ελεύθερος να αλλάζεις.** Από «βολικός» να γίνεσαι ευθύβολος. Από λίγος να γίνεσαι πολύς. Από μέτριος, θερμός. Να ισχυροποιείς τη βούλησή σου ποντάροντας ψηλά: στα πιο μεγαλεπήβολα σχέδια κι όνειρά σου.

- **Ναι, έχεις το δικαίωμα να λες «όχι, δεν θέλω» σε κάτι που σου προτείνουν οι άλλοι, χωρίς απαραίτητα να ξέρεις τον λόγο,** ούτε να αιτιολογείς την επιλογή σου. Όταν αρχίσεις να το επιτρέπεις αυτό στον εαυτό σου, θα αρχίσεις με χαρά να λες κι εσύ το «ναι!» ως αυθεντική καταφατική ανταπόκριση πια σε αιτήματα που δέχεσαι από τους άλλους.

- Οι κατά σύμβαση και χρονική ηλικία «ενήλικες» έρχονται συνήθως στην ψυχοθεραπεία για να ενηλικιωθούν. **Ο δρόμος της ενηλικίωσης περνά από την ψυχική βίωση της παιδικής κι εφηβικής ηλικίας**

που κατάντησαν τοξικές και στείρες, γιατί ακόμα κουβαλούν άλυτες από το παρελθόν εκκρεμότητες. Όταν αυτές οι εκκρεμότητες αντιμετωπισθούν και αντικατασταθούν από επιγνώσεις στην ψυχοθεραπεία, το άγχος και οι ψυχοσωματικές ενοχλήσεις του θεραπευόμενου καταλαγιάζουν και αποδομούνται, η χαμένη φυσικότητα επιστρέφει μαζί με την καθαρότητα της σκέψης, την ανάληψη ευθύνης, τη σαφήνεια και τη σιγουριά στη λήψη αποφάσεων.

- **Είναι σημαντικό να ξεχωρίσεις τη χαρά από την απόλαυση.** Η απόλαυση, στον βαθμό που γίνεται αποκλειστικός στόχος ζωής, συνδέεται περισσότερο με την ικανοποίηση που απορρέει από την αιμομικτική χρήση των άλλων και των αντικειμένων, χωρίς τη διάσταση της ψυχοπνευματικής υπέρβασης των αναγκών του εγώ.

  Αντίθετα, η χαρά συνήθως απορρέει από την ανατροπή της συνήθειας με όχημα την έκπληξη της αλήθειας που αντικαθιστά την ανάγκη με την επιθυμία, την ικανοποίηση με την καρδιακή μέθεξη, τον στόχο με το όραμα. Για να έχεις μια μεστή νοήματος ζωή χρειάζεται να αποκαταστήσεις μέσα σου και να διαφοροποιήσεις βιωματικά τη χαρά από την απόλαυση. Να γίνεις δεκτικός στη μια, αφήνοντας χώρο ταυτόχρονα και στην άλλη.

- **Αν θες να βοηθήσεις το παιδί σου και το εγγόνι σου να ζήσουν πιο ολοκληρωμένα, δίχως προσκολλήσεις και συμπλέγματα, φρόντισε να μπεις έγκαιρα εσύ ο ίδιος στη σε βάθος αυτογνωστική διαδικασία.** Να βιώσεις μια καλή ψυχοθεραπευτική σχέση, η οποία θα σε βοηθήσει να αντιμετωπίσεις και να επιλύσεις όλες εκείνες τις προσωπικές σου ψυχικές εκκρεμότητες που έχεις από την οικογένεια της καταγωγής σου, που περιπλέκουν και απομυζούν ενεργειακά την ενδοψυχική και σχεσιακή σου ζωή.

- Ξοδεύεις πολλή ενέργεια στην προσπάθειά σου να σχηματίσουν οι άλλοι «καλή γνώμη» για σένα. Η ψυχοσωματική σου ενέργεια όμως είναι ορισμένη κι ενιαία. Ό,τι ποσό της σπαταλάς στην απόπειρά σου να είσαι αρεστός, το στερείς από την επιθυμία σου για αυτοπαρατήρηση και αυτογνωσία. **Απάλλαξε σταδιακά την ψυχή σου από το βάρος της συνήθειας να σε απασχολεί η εντύπωση που κάνεις στους άλλους** και αξιοποίησε όλο αυτό το ενεργειακό απόθεμα στο να συντονίζεσαι όλο και περισσότερο με τη φωνή της συνείδησής σου, να ακούς τις βαθύτερες ψυχικές σου ανάγκες –άσχετα με το αν οι άλλοι τις επιδοκιμάζουν– και να εντοπίζεις τις δικές σου παραλείψεις και αστοχίες στον δρόμο της υπαρξιακής σου απαρτίωσης.

- **Πάντα να καλωσορίζεις τον «εχθρό» επειδή σου χτυπά την πόρτα της λήθης**, με το προσωπείο της οργής σου, του μίσους, του φθόνου, της ταραχής, της πρόθεσής σου για φυγή. Πάντα ο εξωτερικός εχθρός σού υπενθυμίζει την ανεπαίσθητη παρουσία του εσωτερικού εχθρού. Η ύπαρξή του σε ξυπνά από τη λήθη μιας ανεπίγνωστης, ρηχής ζωής, θυμίζοντάς σου πως έχεις ακόμα πολλά να μάθεις, να δεχτείς. Πως πολλά είναι τα ανήλιαγα δωμάτια στο σπίτι σου που διψάνε για φως.

- **Ο θυμός σου για τους άλλους είναι μια ευκαιρία να μάθεις ποιος στ' αλήθεια είσαι. Δεν χρειάζεται να μέμφεσαι τον εαυτό σου γι' αυτόν. Μόλις αρχίσεις να τον κατανοείς, δεν θα έχει πια λόγο ύπαρξης και θα ατονήσει.** Επειδή δεν θα χρειάζεται πια να προβάλεις όλες τις «κακές» σου ιδιότητες πάνω στους άλλους, θα αναλάβεις σιγά σιγά εσύ την ευθύνη τους.

Η αγένεια, η οργή, η φιλαυτία, η μεμψιμοιρία, η αναβλητικότητα, ο κομπασμός, η ενδοτικότητα, η ευθύτητα, η ειρωνεία, ο κυνισμός, ο φόβος, και γενικά καθετί μέσα σου που το θεωρείς «αδυναμία ή ελάττωμά σου», αν και είναι δικά σου γνωρίσματα, επειδή τα θεωρείς «αρνητικά» κι ανεπιθύμητα τα έχεις καταχωνιάσει στο υπόγειο της ψυχής σου, στη σκιά ή το ασυνείδητο κομμάτι του εαυτού.

- Ο φόβος σου είναι μήπως αποχτήσεις κάποια στιγμή επίγνωση πως είσαι κάτοχός τους, αφού, αν συμβεί αυτό, θα χρειαστεί να τα ενσωματώσεις στο δικό σου ρεπερτόριο στάσεων, πιθανότητα που σε τρομάζει γιατί έχεις για χρόνια εγκαταστήσει μια ψευδή εικόνα για το ποιος είσαι.

- Μέσα από την ψυχοθεραπεία μπορείς να κατανοήσεις τις αίτιες του θυμού σου και, αναλαμβάνοντας την ευθύνη των αρνητικών σου χαρακτηριστικών, να γίνεις πληρέστερη και πιο ισορροπημένη προσωπικότητα, γιατί την ψυχική ενέργεια που έχανες μέχρι τώρα στην απώθηση των σκιωδών σου συναισθημάτων τώρα θα μπορέσεις να τη χρησιμοποιήσεις για να αναπτυχθείς αυτογνωστικά και να διαχειριστείς καλύτερα τις σχέσεις σου με τους άλλους.

- **Άφηνε σε κάθε περίσταση τα δάκρυά σου να τρέχουν, να παίρνουν τον χώρο που διεκδικούν στη ζωή σου.** Όσο τα συναισθήματα μέσα σου ρέουν αβίαστα, το σώμα σου θα είναι υγιές και θα σε ακολουθεί στις επιδιώξεις και τα όνειρά σου. Η εσωτερική σου ζωή θα συμβαδίζει με την εξωτερική σου πραγματικότητα, οι σχέσεις δεν θα είναι τοξικές και οι άλλοι θα χαίρονται να σε συναναστρέφονται, γιατί θα συναντούν στο πρόσωπό σου έναν άνθρωπο που ζει αυθεντικά και απολαμβάνει τη ζωή του.

ΣΥΜΒΟΥΛΕΣ ΓΙΑ ΜΙΑ ΕΥΤΥΧΙΣΜΕΝΗ ΖΩΗ

Το κακό υπάρχει στη ζωή. Δεν είναι σκέψη ή μονάχα φαντασία σου. Ούτε όμως είναι –οντολογικά μιλώ-ντας– παρουσία. Καιροφυλακτεί, σαν το αφώτιστο σκοτάδι. Καταλαμβάνει τον χώρο που του παραχω-ρεί η απουσία του φωτός.

Το κακό σε πολιορκεί πρώτα εσωτερικά, και μετά, αν δεν τα καταφέρει να σε πάρει με το μέρος του, σου επιτίθεται από έξω. **Μην το φοβάσαι. Μην ασχολεί-σαι στα σοβαρά μαζί του**, λες και συνδιαλέγεσαι με μια όντως παρουσία.

Μόνο βρες εργαλεία –πειθαρχία, μετάνοια, έρω-τα βαθύ για τα ψηλά– κι άνοιξε ένα παράθυρο στο δωμάτιο της ψυχής σου να βλέπει προς την ανατολή. Και καθώς ανατέλλει μέσα σου το Φως της Αλήθειας, που πάει πακέτο με την Αγάπη, τότε το σκοτάδι χά-νεται. Σαν να μην υπήρξε ποτέ. Κι όσο εργάζεσαι να κρατάς το παράθυρο απ' όπου μπαίνει το φως του ήλιου ανοιχτό, το σκοτάδι σκιάζεται και φεύγει από σένα. Ψάχνει άλλους χώρους, πιο φιλόξενους απ' τον δικό σου, να θρονιαστεί και να γεμίσει.

- **Αγκάλιασε αυτόν που σου επιτίθεται.** Αν τα καταφέ-ρεις και υπερβείς τον φόβο για τη δική σου επιθετικό-τητα, την οποία προβάλλεις στον άλλον, τότε θα δεις τη γροθιά του άλλου να μεταλλάσσεται σε συγκινη-τική μετάνοια. Θα δεις το μαχαίρι του να του πέφτει από τα χέρια και να σπεύδει, αντί να σε σκοτώσει, να σε αγκαλιάσει από ευγνωμοσύνη και πνευματική χαρά.

- **Κάνε ο ίδιος προσωπική ψυχοθεραπεία.** Όχι κυρίως για να αλλάξεις, αλλά για να αρχίσεις να βλέπεις πιο καθαρά όλα αυτά που βαθιά μέσα σου είσαι. Και, αν θες, μπες στην ψυχοθεραπεία, για να τα αποδεχτείς και να τα αγκαλιάσεις. Στον βαθμό που αλλάζει η στάση σου απέναντι στα πιο ανεπιθύμητα κομμάτια του εαυτού σου και γίνεσαι πιο αγαπητικός με τον εαυτό και τους άλλους, η ζωή σου αποκτά νέο νόημα, καινούργια βάση και άλλες ρεαλιστικές και πιο ευοίωνες προοπτικές και σχέσεις.

- **Η ψυχολογική απαρτίωση προηγείται της πνευματικής ολοκλήρωσης.** Η ανάπτυξη των πνευματικών διαστάσεων του εαυτού έχει τεράστια σημασία κι επίδραση στην ευτυχία σου.

- Πρώτα όμως χρειάζεται να αποκτήσεις βαθιά, έντιμη κι απαρτιωμένη εσωτερική ζωή. Να ανδρωθείς ψυχικά, να μάθεις ποιος είσαι, να απαλλαγείς από τις ψευδαισθήσεις του ανώριμου και ψευδούς σου εαυτού. Ώστε ωριμότερος πια να συνειδητοποιήσεις, να αρθρώσεις καθαρότερα και να εντάξεις τα ζωτικά σου υπαρξιακά ερωτήματα σε μια πιο ολοκληρωμένη και μεστή πνευματική αναζήτηση. Χρειάζεται ένα μίνιμουμ ψυχικής υγείας για να μπεις με καλές κι ευοίωνες προϋποθέσεις στην πνευματική σου πορεία, για να την αξιοποιήσεις και να την ολοκληρώσεις.

- **Ζήτα με ασίγαστο πάθος κι επιθυμία να γνωρίσεις το Πρόσωπο της Αλήθειας.** Όχι τη σχετική αλήθεια που εγκυμονείται συνήθως στις περγαμηνές της ψυχολογίας, της φιλοσοφίας και της επιστήμης. Ζήτα ολόψυχα εκείνη την Αλήθεια που υπερβαίνει τη σχετικότητα της σκέψης, των σχέσεων και της ψυχικής σφαίρας. Μόνο η επίγνωση του Προσώπου της Αλήθειας και της Αγάπης και η σχέση σου μαζί Του θα σε ελευθερώσει. Ασυνείδητα κάθε άνθρωπος αυτό θέλει. Θα συντομεύσεις τον δρόμο προς τον τελικό της ζωής σου προορισμό, αν μπεις σε αυτή την εκζήτηση με ισχυρή πρόθεση κι ενσυνείδητη προσπάθεια.

Βιογραφικό

Ο Dr. Γρηγόρης Βασιλειάδης ασκεί το επάγγελμα του ψυχολόγου από το 1997. Από το 2002 ζει και εργάζεται ιδιωτικά ως ψυχολόγος - ψυχοθεραπευτής στην Αθήνα.

Σπούδασε Ψυχολογία σε προπτυχιακό και μεταπτυχιακό επίπεδο σε αναγνωρισμένα από το κράτος πανεπιστήμια της Ελλάδας, της Ολλανδίας και της Μ. Βρετανίας. Το 2005 απέκτησε διδακτορικό τίτλο στην Ψυχολογία από το τμήμα Ψυχολογίας του Αριστοτελείου Πανεπιστημίου Θεσσαλονίκης.

Εργάζεται ψυχοθεραπευτικά με ενήλικες, ατομικά και ομαδικά, χρησιμοποιώντας τις μεθοδολογίες της συστημικής και της υπαρξιακής ψυχοθεραπείας.

Προσφέρει συνεδρίες συμβουλευτικής και ψυχοθεραπείας μέσω Skype σε ανθρώπους που ζουν μακριά από την Αθήνα, σε άλλα μέρη της Ελλάδας ή στο εξωτερικό.

Είναι μέλος του Συλλόγου Ελλήνων Ψυχολόγων (Σ.Ε.Ψ.) και της Ευρωπαϊκής Ένωσης Ψυχοθεραπευτών Οικογένειας (EFTA - European Family Therapy Association).

Είναι ο συγγραφέας του best seller αυτογνωστικού βιβλίου *Το Ψυχοθεραπευτικό Ταξίδι: Από τον φόβο της σκιάς, στο φως της επίγνωσης* (εκδόσεις iWrite) και του *Πόσο αντέχεις την αλήθεια; Θεραπευτικές επιγνώσεις για την ψυχή και τις σχέσεις* (εκδόσεις Εν Πλω).

Άρθρα, ομιλίες και συνεντεύξεις του δημοσιεύονται στον δικτυακό τόπο www.aftognosia.gr και στο κανάλι του στο YouTube.

Συζήτηση
Περί Ευτυχίας

...

γράφει η
Χαρά Ν. Βιδοζαχαράκη

*«Ευτυχία είναι, καθώς μεγαλώνεις, να μην ξεχνάς
εκείνο το παιδί που κρύβεις μέσα σου».*

Φεντερίκο Φελίνι

Σύμφωνα με την οπτική του Νίτσε, η ευτυχία είναι μια
ανθρώπινη κατασκευή κι εξαρτάται από την κρίση
των ανθρώπων για τα κίνητρα των σκέψεων και των
πράξεων, μια κρίση που απέχει από τα πραγματικά κίνητρα.
Το μοίρασμα των στιγμών χαράς με τους άλλους ανθρώ-
πους, καθώς και η γνώμη τους, είναι για εκείνον σημαντι-
κός παράγοντας κατάκτησης της ευτυχίας. Η οπτική του
θα μπορούσε να συνδεθεί με την ανάλυση της ετυμολογίας
της ίδιας της λέξης. Σε πλήθος λεξικών αναγνωρίζεται πως
η λέξη ευτυχία αποτελείται από το πρόθεμα ευ (καλό) και
το ουσιαστικό τύχη. Η λέξη τύχη προέρχεται από το ρήμα
τυγχάνω, που σημαίνει πέφτω πάνω σε κάτι/κάποιον.[10] Από

---

10 Διαδικτυακή Πύλη για την Ελληνική Γλώσσα: Σημασιολογική
ανάλυση ρήματος τυγχάνω (www.greek-language.gr)

την ίδια όμως ινδοευρωπαϊκή ρίζα *dheugh* προέρχεται και το ρήμα τεύχω, που σημαίνει φτιάχνω.[11]

Συνεπώς, μια ενδιαφέρουσα θέαση είναι πως ευτυχία σημαίνει να φτιάχνεις, να δημιουργείς το καλό, δηλαδή να εντάσσεις τον εαυτό σου σε συνθήκες όπου το πρόθημα ευ εμφανίζεται έμπρακτα ως κάτι που γίνεται χωρίς να χρειάζεται υπερβάλλοντας ζήλος.

Τα συστατικά της ευτυχίας

Γνώση εαυτού

Το να είσαι ευτυχισμένος άνθρωπος σημαίνει πως βρίσκεσαι σε διαδικασία αδιάκοπης αναζήτησης συνθηκών ευημερίας και απόλαυσης του τώρα. Όση υποκειμενικότητα και αν εμπερικλείεται στην απόδοση ενός ορισμού αυτού του αγαθού, ενυπάρχουν βασικά συστατικά στον τρόπο αντίληψης για πολλούς ανθρώπους. Άλλωστε, η δυνατότητα του να γνωρίζεις τον εαυτό σου εντάσσεται στον πρώτο σταθμό αξιοποίησης των γνωρισμάτων που μπορούν να συνδράμουν στη δημιουργία συνθηκών ευημερίας.

Το περιβόητο αξίωμα «γνώθι σ'αυτόν» δεν υποστηρίζει τίποτε περισσότερο από το ότι ο καθένας δύναται να κοιτάξει εντός του και να αναγνωρίσει όλες τις δυνάμεις και αδυναμίες που κρύβει. Να ενδοσκοπήσει τον άνθρωπο που πραγματικά είναι, ώστε να μπορέσει να στηρίξει τον Άνθρωπο που πραγματικά θέλει να είναι, παραμερίζοντας κατ᾽ αυτόν τον τρόπο τις ορμέμφυτες τάσεις και την τύχη. Όταν υπάρχει η γνώση του «ποιος είσαι», τότε η έκφραση

---

11 Διαδικτυακή Πύλη για την Ελληνική Γλώσσα: Ετυμολογική ανάλυση ρήματος τεύχω (www.greek-language.gr).

τελειοποιήσεως των δυνατοτήτων που μπορούν να δια-
κρίνουν την ανθρώπινη φύση επιτρέπει τη διερεύνηση της
αλήθειας και του Αγαθού όπως ορίζονται από τη σωκρατι-
κή διδασκαλία.[12]

Η γνώση του εαυτού γίνεται συνείδηση και η συνείδηση
ο αρωγός στη διάκριση του «φαίνεσθαι» και της προαγω-
γής μιας ενάρετης ζωής σε στιγμές του παρόντος.

Το αίσθημα του ανήκειν

Η επιθυμία του ανθρώπου να διατηρεί το αίσθημα αυτονο-
μίας και την παράλληλη ανάγκη του για αλληλεπίδραση,
να συνυπάρχει με τους άλλους σε ομαδικές συνήθειες όπου
εκφράζεται η σημαντικότητα του ατόμου και καθ' επέκτα-
ση της ομάδας. Ο άνθρωπος διακρίνεται από την ανάγκη
του να είναι αποδεκτός, να αισθάνεται ότι αξίζει και βρί-
σκεται εντός ασφαλούς πλαισίου προκειμένου να νιώθει
πλήρης. Δείχνει να είναι απαραίτητο για να μπορεί να βιώ-
σει το αίσθημα του ανήκειν και να είναι περισσότερο δεκτι-
κός στην επικοινωνία με τους άλλους, να έχουν πρωτίστως
ικανοποιηθεί οι βασικές του ανάγκες.[13]

Κατά τη διάρκεια αυτής της διαδικασίας ενδέχεται να βι-
ώσει στιγμές ευτυχίας και παράλληλα να δημιουργήσει ένα
περιβάλλον σταθερότητας, μέσα από το οποίο θα μπορεί
να λαμβάνει τη στήριξη που επιθυμεί. Με αυτόν τον τρό-
πο εμφανίζεται έκδηλα ο σεβασμός εις εαυτόν και εις τους
άλλους, μιας και τα συναισθήματα, οι σκέψεις και οι εκ-
φράσεις επιβεβαιώνουν την αίσθηση της σημαντικότητας,
την αναγνώριση της αξίας και την αποδοχή των συναισθη-

12 Κανάκης Ν. Ιωάννης, *Η Σωκρατική Στρατηγική Διδασκαλίας-
Μάθησης*, 1990, εκδόσεις Γρηγόρη.
13 Em Griffin, *A first look at communication theory*, Chapter 10:
Hierarchy of needs by Abraham Maslow, published by McGraw-Hill.

μάτων. Η επιβεβαίωση των παραπάνω οδηγεί στην ανακά-
λυψη κάθε ιδιαίτερου χαρακτηριστικού και ταλέντου που
ορίζει την ανθρώπινη μοναδικότητα και τα στοιχεία αυτής.
Η αίσθηση του ξεχωριστού πετάει από πάνω της μία από
τις μορφές της, αυτή της ανταγωνιστικής διάκρισης, και
απλά γίνεται το μέσον κατανόησης της ατομικής μοναδι-
κότητας.

Το αίσθημα και
η ευθύνη του δημιουργείν

Σύμφωνα με τον Αλμπέρ Καμί, το να δημιουργείς είναι σαν
να ζεις δυο φορές. Από την άλλη πλευρά, η ποιητική μορφή
στη θεωρία του χάους είναι πως «αν μια πεταλούδα κινήσει
τα φτερά της στον Αμαζόνιο, μπορεί να φέρει βροχή στην
Κίνα», καταδεικνύοντας την άμεση εξάρτηση ενός συστή-
ματος, μιας λειτουργίας από τις αρχικές συνθήκες. Όσο κι
αν το παρόν καθορίζει το μέλλον, σε τι βαθμό πρακτικά η
προσέγγιση στις παρούσες συνθήκες είναι τέτοια ώστε να
υπάρχει αντίληψη του μέλλοντος που δημιουργείται;

Για κάθε τι που συμβαίνει, από το πιο απλό έως το πιο
σύνθετο, υπάρχουν χιλιάδες γεγονότα που υπήρξαν πριν
από αυτό. Πίσω από εκείνες τις χιλιάδες γεγονότων υπάρ-
χουν χιλιάδες λήψεις αποφάσεων, που συχνά αποτελούν
και την ίδια την εξήγηση για το πώς προκλήθηκε ένα συμ-
βάν, ενώ επίσης συχνά εξηγεί και τον λόγο για τον οποίο
ανατρέχουμε και διερευνούμε τις αιτίες στο παρελθόν.

Σε καθημερινή βάση λαμβάνουμε πολλές μικρές και με-
γάλες αποφάσεις, δηλαδή δημιουργούμε ένα φάσμα επιλο-
γών και αποτελεσμάτων τα οποία αφήνουν τον αντίκτυπό
τους όχι μονάχα στο παρόν, αλλά και στο μέλλον. Μήπως
τελικά η προσεκτική, συνειδητή επιλογή και οι απλές κινή-

σεις γεννούν τον χώρο που θα διαδραματιστεί το επιθυμητό μέλλον, ή μήπως δημιουργούν το ίδιο το μέλλον αυτό καθεαυτό;

Πότε είμαι ευτυχισμένος;

Ο Λόγος της Βιολογίας για την Ευτυχία

Στη γλώσσα της Βιολογίας υπάρχουν τέσσερις νευροδιαβιβαστές που καθορίζουν το πόσο είμαστε ή δεν είμαστε ευτυχισμένοι. Τα αισθήματα που βιώνουν οι άνθρωποι, από αυτή τη σκοπιά, είναι τα αποτελέσματα των νευροχημικών αντιδράσεων της ντοπαμίνης, ωκυτοκίνης, σεροτονίνης κι ενδορφινών, που λαμβάνουν χώρα στο ανθρώπινο σώμα.

Κατά καιρούς ακούγεται πως κάποιοι αθλητές, προκειμένου να λάβουν διάκριση, προσθέτουν με τεχνητά μέσα στον οργανισμό τους ντοπαμίνη. Δεν είναι τυχαίο που η έλλειψη ενθουσιασμού, η αναβλητικότητα και η συνεχής αμφισβήτηση έχουν συνδεθεί με χαμηλά επίπεδα ντοπαμίνης στον οργανισμό. Ένα από τα πιο κύρια χαρακτηριστικά της ντοπαμίνης είναι ότι κινητοποιεί την ανάληψη δράσεων προς έναν στόχο –εξού και η επιλογή της από κάποια άτομα που κάνουν πρωταθλητισμό και όχι μόνο– την εστίαση προς τις επιθυμίες και τις ανάγκες, ενώ παράλληλα ενισχύει το αίσθημα ευχαρίστησης κατά τη διάρκεια της δράσης. Βέβαια, πέραν των τεχνητών τρόπων που επιλέγονται από τους αθλητές και άλλους, υπάρχουν οι φυσικοί τρόποι αύξησης των επιπέδων της ντοπαμίνης που υλοποιούνται εντός απλών διαδικασιών. Για παράδειγμα, ο ορισμός ενός χρονοδιαγράμματος επαγγελματικών ή προσωπικών εργασιών και η ακολουθία αυτού παρέχει ικανοποίηση που αυξάνει τα ήδη υπάρχοντα επίπεδα ντοπαμίνης του οργανισμού. Επιπρόσθετα, η δημιουργία νέων στόχων πριν την ολοκλήρωση των τρεχόντων διασφαλίζει τη συνεχή ροή έκκρισής της, ενώ παράλληλα η γυμναστική ή το περπάτημα συντελούν στην αύξηση του ρυθμού παραγωγής της.

Η ωκυτοκίνη είναι μια ορμόνη που παράγεται στον θάλαμο του εγκεφάλου και αποτελεί επίσης νευροδιαβιβαστή. Συχνά τη γνωρίζουμε ως την ορμόνη της αγάπης και της αγκαλιάς, ενώ έχει αποδειχθεί πως παίζει σημαντικό ρόλο στη μείωση του στρες. Οι αγκαλιές, τα γέλια, ο χορός κι οτιδήποτε περικλείει σωματική επαφή πυροδοτούν την αύξηση της ωκυτοκίνης. Παρόμοια αποτελέσματα υπάρχουν μέσα από την ανάγνωση ενός βιβλίου, την παρακολούθηση μιας ταινίας και την αντίληψη όποιου ερεθίσματος μπορεί να προκαλέσει συγκίνηση.

Ο νευροδιαβιβαστής των όμορφων συναισθημάτων λέγεται σεροτονίνη, και η μεγαλύτερη ποσότητα αυτού κατοικεί στο έντερο. Σε μεγάλο βαθμό, χάρη στη σεροτονίνη, υπάρχει έντονο ή λιγότερο έντονο το αίσθημα σεξουαλικής επιθυμίας, η έκφραση εγκεφαλικών λειτουργιών, όπως η μνήμη και η μάθηση, αλλά και η ποιότητα του ύπνου, ακόμη και η όρεξη για φαγητό. Η σεροτονίνη ρέει όταν ο άνθρωπος αισθάνεται αξιόλογος και σημαντικός (βλ. αίσθημα του ανήκειν) και μπορεί να αυξήσει αυτή τη χημική διάδραση κάθε φορά που αναλογίζεται επιτυχίες του παρελθόντος κι εξασκείται στην έκφραση της ευγνωμοσύνης. Η επιτυχημένη παραγωγή και ροή της σεροτονίνης παντρεύεται με την επίδραση από το ηλιακό φως, την ισορροπημένη διατροφή και τις χαρούμενες σκέψεις.

Τέλος, στην υπόφυση και το κεντρικό νευρικό σύστημα παράγονται οι ενδορφίνες που είναι υπεύθυνες για πλήθος λειτουργιών, μεταξύ των οποίων και η οπιούχος δράση (αντίστοιχη επίδραση με αυτή της μορφίνης), καθώς γίνο-νται η πρώτη γραμμή άμυνας του σώματος. Αυτός είναι κι ο λόγος που έπειτα από γυμναστική ή άλλη έντονη άσκηση ο οργανισμός βιώνει ευεξία και βρίσκεται σε ευχάριστη δι-άθεση. Η καλύτερη φυσική μέθοδος δημιουργίας των εν-δορφινών είναι το γέλιο και η σεξουαλική πράξη.

Υπό το βλέμμα διερεύνησης της βιοχημείας του εγκε-φάλου, η δυνατότητα δημιουργίας κι εγκατάστασης νέων συνηθειών που συντελούν στη δημιουργία πλαισίου της ευτυχίας επιφέρει στην ουσία τη βιοχημική ισορροπία με τέτοιον τρόπο, ώστε οι νέες λειτουργικές συνήθειες να φαί-νονται τόσο φυσικές όσο οι παλιές.

Ο Λόγος του Σωκράτη
για την Ευτυχία

«Δεν μπορείς να είσαι ευτυχισμένος αν δρας αντίθετα με όσα πιστεύεις».

Σωκράτης (469-399 π.Κ.Ε.)

Για τον Σωκράτη, η αυτογνωσία ήταν αρκετή για να ζει κανείς μια καλή ζωή. Για να ζει όμως μια ευτυχισμένη ζωή, τότε όφειλε να ανακαλύπτει τη γνώση, η οποία αποτελού-σε τη βάση για να υπάρξει η αρετή. Κάθε άνθρωπος δύνα-ται να φτάσει την απόλυτη γνώση εφόσον ακολουθήσει τη σωστή για τον ίδιο μέθοδο.[14] Αυτή η αναζήτηση αποτελεί μια οδυνηρή διαδρομή που παρομοιάζεται με τις ωδίνες του τοκετού, καθώς περικλείει τη συνεχή εξέταση του ίδιου του ανθρώπου και των συνανθρώπων του. Η γνώση, η λο-

---

14 Πηγή: philosophy.lander.edu/ethics/Socrates.html

γική και η ηθική για τον Σωκράτη έχουν τελολογικό χαρακτήρα, εξυπηρετούν τη δράση για το «καλό», την έκφραση κάθε συμπεριφοράς που εξυπηρετεί έναν σκοπό.

Η αληθινή ευτυχία εξαρτάται από το αν υλοποιείται αυτό που είναι «σωστό». Όταν ο λόγος μας συνάδει με τις πράξεις, τότε η συνοχή και συνέπεια αυτών δεν αφήνουν κανένα περιθώριο δράσης που δεν εξυπηρετεί τον θεσπισμένο σκοπό (διαφορετικό συχνά για τον καθένα). Μέσα από την παρατήρηση και τη συνειδητοποίηση της εκάστοτε συμπεριφοράς, εαυτού και άλλων, επέρχεται η ευθύνη για την προσωπική ευτυχία. Εφόσον είμαστε υπεύθυνοι για το τι γνωρίζουμε, έχουμε και τη δύναμη/ευθύνη για το πώς και πότε θα ευτυχήσουμε.

Η ευημερία της ψυχής εμφανίζεται μέσα από το πραγματικό μητρικό ενδιαφέρον μας γι' αυτή. Ίσως, εάν κάποιος γνωρίζει λίγο καλύτερα τον εαυτό του, να ασχοληθεί περισσότερο ουσιαστικά γι' αυτόν. Για τον Σωκράτη, η αυτογνωσία δεν είναι παρά σοφία που είναι απαραίτητη για τη διάκριση του σωστού και του λάθους, του πρέποντος και του μη, του ενάρετου και του κακού. Η σοφία αποτελεί τον βασικό συντελεστή για την πλήρωση της ανθρώπινης φύσης μέσα από την αναζήτηση της Αλήθειας, είναι δηλαδή ο ακρογωνιαίος λίθος για την εύρεση και δημιουργία της ευτυχίας.

Το COACHING στην αναζήτηση της ευτυχίας

Το coaching αποτελεί μια δημιουργική παροξυντική διαδικασία μεγιστοποίησης των προσωπικών κι επαγγελματικών δυνατοτήτων.[15] Βασική προϋπόθεση ύπαρξης και υλοποίησης αυτής της διαδικασίας είναι η συμφωνημένη

---

15 ICF Definition of Coaching (www.coachfederation.org).

συνέργεια μεταξύ του ατόμου που δέχεται coaching και του coach. Εντός αυτής της σχέσης, ο coach υποστηρίζει τον coachee (αποδέκτη του coaching) να αναπτύξει περισσότερο την αυτεπίγνωσή του, να βελτιώσει τις δεξιότητές του αναφορικά με τον τρόπο που λειτουργεί ως προς τον εαυτό του και τους άλλους, να αυξήσει την αποτελεσματικότητά του και, με αυτόν τον τρόπο, να είναι σε θέση να ορίζει ο ίδιος τους στόχους και να εφευρίσκει τις λύσεις που είναι κατάλληλες και λειτουργικές για εκείνον.[16]

Με λίγα λόγια, το coaching μπορεί να γίνει ένας από τους τρόπους μετατροπής μιας υφιστάμενης μη λειτουργικής κατάστασης σε μια νέα κατάσταση που έχει επιλεχθεί συνειδητά. Προκαλείται μια εσωτερική διεργασία που καταλήγει σε εστιασμένη προσήλωση του στόχου,[17] όπου ο αποδέκτης επιλέγει και η ανάληψη δράσης για την υλοποίησή του αποτελεί προϊόν αυτής της επιλογής.

Ο Σωκράτης, μέσα από τη μαιευτική και τη διαλεκτική, δύναται να θεωρηθεί ως ο πρώτος καταγεγραμμένος «coach», καθώς μέσα από τις ερωτήσεις του δοκίμαζε τους ανθρώπους και τον εαυτό του («εξετάζοντα εμαυτόν και τους άλλους»).[18] Η μέθοδος των ερωτήσεων και αποκρίσεων έφερνε στο φως τις ενδότερες σκέψεις του συνομιλητή και ανέπτυσσε τη διάκριση των συγκεχυμένων πεποιθήσεων, έως ότου έφτανε στην εκρίζωση και αποτροπή τους.

Ο άνθρωπος που γνωρίζει τις πεποιθήσεις του, τις αξίες του και τους λόγους για τους οποίους διατηρεί ή απορρίπτει τις θέσεις του, δύναται να διακρίνει με μεγαλύτερη

---

16 EMCC: Definitions for Coaching & Mentoring (www.emcccouncil.org).
17 Coaching Evolution Academy – Module 1, Part of training program of coach certification. www.coachingevolution.org
18 Πλάτωνος Απολογία Σωκράτους 28e, μετάφραση Αχιλλέα Τζαρτζάνου, Αθήνα, Ι. Κολλάρος, 1932.

ευκολία τις συνθήκες μέσα στις οποίες αισθάνεται ευτυ-
χισμένος και, κατά συνέπεια, είναι σε θέση να τις επανα-
λάβει. Η δημιουργία ενός ευτυχισμένου πλαισίου προϋ-
ποθέτει την αποσαφήνιση του τι σημαίνει ευτυχία για τον
καθένα, καθώς και με πόσους τρόπους εκφράζεται. Οι
coaching ερωτήσεις συντελούν στη διερεύνηση των πε-
ποιθήσεων και τη συμπεριφοριστική έκφραση που συν-
δέεται μαζί τους και αποτελούν μονάχα έναν τρόπο –και
σε καμία περίπτωση τον μοναδικό τρόπο– που μπορεί να
αξιοποιηθεί στην προσέγγιση της ευτυχίας.

Ευτυχισμένο Τέλος
Το τρίπτυχο ΣΣΕ
(σκοπός – έμπνευση – ενέργεια)

Σκοπός

Διαβάζοντας ή ακούγοντας ιστορίες επιτυχίας παρατη-
ρείται ένας κοινός παρανομαστής· αυτός είναι η ύπαρξη
του σκοπού. Σκοπού ντυμένου με τη μορφή του οράμα-
τος. Κάθε άνθρωπος που πέτυχε ακολούθησε συγκεκρι-
μένες διαδρομές με βάση το αρχικό του όραμα και βίωσε
συγκεκριμένες δυσκολίες χάρη στο τι έβλεπε στον τελικό
του ορίζοντα. Κάθε φορά που ο σκοπός του ατόμου είναι
τέτοιος που αποδίδει βαθύτατο νόημα, οποιαδήποτε δρά-
ση, ανεξαρτήτων των συνθηκών, ολοκληρώνεται. Για κά-
ποιους αυτή η ολοκλήρωση συνδέεται με το αίσθημα ευ-
τυχίας. Παράλληλα, πολλές στιγμές ανάπτυξης ή εξέλιξης
της δράσης προετοιμάζουν το έδαφος για την αναγνώριση
ευτυχισμένων στιγμών.

Έμπνευση

Η διαδικασία ανάληψης δράσεων που εμπνέουν το ίδιο το άτομο, αλλά και τους ανθρώπους γύρω του, εντείνει τη δημιουργία ενός πλαισίου που ευνοεί την ανάπτυξη συναισθημάτων χαράς κι ευγνωμοσύνης, συναισθήματα που διέπουν την αίσθηση της ευτυχίας. Η έμπνευση αποτελεί στοιχείο φυσικής ενίσχυσης του ανθρώπου, καθώς χάριν αυτού τα εμπόδια αντιμετωπίζονται ως ευκαιρίες ανάπτυξης κι ο χρόνος αξιοποιείται άμεσα για σχέδια υλοποίησης του σκοπού, μειώνοντας κατ' αυτόν τον τρόπο το ποσοστό απογοήτευσης και παραίτησης από τη δράση.

Ενέργεια

Σύμφωνα με τον Mahatma Ghandi, ευτυχία είναι όταν αυτό που σκέφτεσαι, αυτό που λες και αυτό που κάνεις είναι σε αρμονία. Στην ίδια πλευρά, ενέργεια είναι η ικανότητα παραγωγής έργου. Κάθε φορά που αυτή η ικανότητα τίθεται σε εφαρμογή με σκοπό τη δημιουργία έργου, συνάδοντας με τον σκοπό που αναλύθηκε παραπάνω, και η έναρξη εφαρμογής της είναι η έμπνευση, καθώς και το αποτέλεσμά της, τότε η εργασία για την ευτυχία μπορεί να θεωρηθεί ολοκληρωμένη.

Αντί επιλόγου, το ερώτημα
«Πότε λοιπόν ο Άνθρωπος κατακτά την Ευτυχία;»

Στο πέρασμα των αιώνων, πολλές απαντήσεις έχουν δοθεί. Άλλοτε περιγράφουν την ευτυχία μέσα από φράσεις όπως:

«το να σε αγαπούν σημαίνει πως είσαι ευτυχισμένος», «να πετυχαίνεις στη δουλειά», «να είσαι δημοφιλής», και πολλές ακόμη απαντήσεις/ερμηνείες για μια ευτυχισμένη κατάσταση. Όμως σε τι βαθμό τα βιώματα, οι αξίες, οι πεποιθήσεις, οι ικανότητες και τα οράματα ενός ανθρώπου ταυτίζονται με κάποιου άλλου στο 100%; Σπάνια, αν όχι ποτέ... Κάθε ανθρώπινο ον γεννάει, εξελίσσει και διατηρεί τη δική του οπτική για το τι είναι και τι δεν είναι ευτυχία. Έπειτα, ανάλογα με το περιβάλλον στο οποίο λειτουργεί, εξαρτά και τις κινήσεις που κάνει ώστε να βιώσει το ταξίδι ευτυχίας που ο ίδιος έχει ορίσει. Αν κι εφόσον δεχτούμε πως η ευτυχία δεν αποτελεί παρά μια οπτική –συνήθως διαφορετική για τον καθένα– τότε η κατάκτησή της επαφίεται στη δύναμη του ατόμου να προσαρμόζει τις αντοχές, το σθένος και την αντίληψή του μέσα από το φάσμα επίγνωσης της θέασης που επιλέγει να κρατήσει.

Ευχής έργον,
να λάβεις με αποφασιστικότητα την πένα της ζωής σου
και να γράψεις με μεγάλα καθάρια γράμματα
τη δική σου ευτυχισμένη διαδρομή.
Μια διαδρομή που θα έχεις διαλέξει εσύ
και θα σε κάνει να χαμογελάς ασταμάτητα.

Βιβλιογραφικές Πηγές

Em Griffin, A first look at communication theory, Chapter 10: Hierarchy of needs by Abraham Maslow, published by McGraw- Hill.

Κανάκης Ν. Ιωάννης, Η Σωκρατική Στρατηγική Διδασκαλίας- Μάθησης, 1990, εκδόσεις Γρηγόρη.

Πλάτωνος Απολογία Σωκράτους 28e, μετάφραση Αχιλλέα Τζαρτζάνου, Αθήνα, 1932, Ι. Κολλάρος.

Jeremy M. Berg, John L. Tymoczko & Lubert Stryer, Βιοχημεία, 2014 Πανεπιστημιακές Εκδόσεις Κρήτης

Διαδικτυακές Πηγές

www.philosophy.lander.edu/ethics/Socrates.html

ICF Definition of Coaching (www.coachfederation.org)

EMCC: Definitions for Coaching & Mentoring (www.emcc-council.org)

Coaching Evolution Academy – Module 1, Part of training program of coach certification. www.coachingevolution.org

Διαδικτυακή Πύλη για την Ελληνική Γλώσσα: Σημασιολογική ανάλυση ρήματος τυγχάνω (www.greek-language.gr)

Διαδικτυακή Πύλη για την Ελληνική Γλώσσα: Ετυμολογική ανάλυση ρήματος τεύχω (www.greek-language.gr)

Βιογραφικό

Η Βιδοζαχαράκη Ν. Χαρά γεννήθηκε το 1989 στο Ηράκλειο Κρήτης.

Είναι Ανθυποπλοίαρχος Ε.Ν. με μεταπτυχιακές σπουδές στον τομέα της Διοίκησης Επιχειρήσεων & Marketing (University of Derby) και σπουδές στη μεθοδολογία του coaching (Int'l Coaching Evolution Academy). Έχει πιστοποιηθεί στην ανίχνευση μαθησιακών δυσκολιών και σε μεθόδους εναλλακτικής διδασκαλίας σε παιδιά.

Πέρα από τις θητείες της σε ποντοπόρα πλοία, έχει εργαστεί ως Ειδικός Σύμβουλος εκμάθησης τεχνικών μελέτης και ανάπτυξης ηγετικών χαρακτηριστικών σε παιδιά 5-12 ετών, ως Σύμβουλος Επαγγελματικού Προσανατολισμού σε εφήβους και ενήλικες, ως Υπεύθυνη Ανάπτυξης & Υλοποίησης σεμιναρίων, ως εκπαιδεύτρια σε στελέχη πωλήσεων και ως Σύμβουλος Ανάπτυξης Στρατηγικών Εφαρμογών σε επιχειρήσεις.

Όντας ασυμβίβαστη φύση, έχει μάθει να συνδέει όσα φαντάζουν ασύνδετα. Η αγάπη της για τα παιδιά, η λατρεία της για τη θάλασσα, το πάθος της για την ανάπτυξη δεξιοτήτων και ο έρωτάς της για τα βιβλία χρωματίζουν κάθε δραστηριότητά της.

Ο *Μικρός Ταξιδευτής* αποτελεί το πρώτο της ολοκληρωμένο έργο. Μπορείτε να επικοινωνήσετε μαζί της στο email: h.vidoz@gmail.com

Κατασκευάζοντας την ευτυχία μας

...

γράφει ο
Γιάννης Δασκαλάκης

Ξεκινώντας να πιάσουμε μια τόσο ρευστή αλλά και σύνθετη έννοια, πρέπει πρώτα να δεχτούμε πως μιλούμε για μια αξία, έναν στόχο που δεν μπορεί να είναι κάτι σταθερό ή, για την ακρίβεια, στατικό. Θα ήταν πολύ απλοϊκό να μιλήσουμε για έναν στόχο τον οποίο τον πετυχαίνουμε και μετά παραμένουμε εκεί. Επειδή όμως αυξάνεται η πολυπλοκότητα του όρου, άρα και της κατάκτησής της, δεν σημαίνει πως η ευτυχία δεν υπάρχει.

Πώς όμως να την ορίσουμε; Ένας πιθανός ορισμός θα μπορούσε να είναι η συναισθηματική πληρότητα - ευφορία σε σχέση με τον εαυτό μας και τους άλλους σε όλα τα επίπεδα. Θα είχε όμως νόημα να ψάξουμε και να εξετάσουμε κάπως πιο αναλυτικά τα επίπεδα που θα μπορούσε να ορίζει ο καθένας για τον εαυτό του.

Άραγε έχετε νιώσει ευτυχία; Είναι στιγμές παροδικές ή μια συνεχής συναισθηματική κατάσταση; Θα ήταν χρήσιμο να εξετάσουμε λίγο πιο αναλυτικά τους πρωταρχικούς παράγοντες που θα μπορούσαν να χαρακτηριστούν ως τα

73

απαραίτητα συστατικά για το πετυχημένο κυνήγι της ευτυχίας. Να ορίσουμε δηλαδή κάποιες βασικές προϋποθέσεις, που θα δώσουν τη δυνατότητα σε έναν άνθρωπο να μπορέσει να προσεγγίσει και να βιώνει τον περισσότερο χρόνο της ζωής του ευτυχισμένος.

Ξεκινάμε αρχικά να δούμε τη σχέση που ο κάθε άνθρωπος έχει με τον εαυτό του. Έχουν δοθεί πολλοί ορισμοί, όπως το «εγώ», η προσωπικότητα, ο εαυτός και άλλες προσπάθειες ορισμού του συνόλου του ανθρώπινου δυναμικού. Ένα πολύ βασικό κομμάτι αυτής της συζήτησης είναι, πρώτα από όλα, μια βασική ανασκόπηση και μια ειλικρινής ερώτηση απέναντι στον εαυτό μας:

«Ποιος πιστεύω πως είμαι; Πώς θα περιέγραφα τον εαυτό μου; Τι γνώμη έχω για τις ικανότητες και τις δυνατότητές μου, αλλά και για προσωπικές πλευρές που θα ήθελα να βελτιώσω ή να αλλάξω;»

Ξεκινώντας απ’ αυτή τη συζήτηση, συχνά οι περισσότεροι άνθρωποι μπορεί να νιώσουν έκπληξη –ή ακόμα και αμηχανία– στην προσπάθεια να προσπαθήσουν να περιγράψουν τον εαυτό τους, πρώτα στον καθρέπτη κι έπειτα σε κάποιον άλλον. Οι επόμενες ερωτήσεις που θα βοηθούσαν να έρθουμε πιο κοντά στα προσωπικά μας κομμάτια για να ξεκινήσουμε να ερχόμαστε σε επαφή με τον εσωτερικό μας κόσμο θα μπορούσαν να είναι:

«Έχω επίγνωση των συναισθημάτων μου στην καθημερινότητά μου; Μπορώ να αναγνωρίσω τι με κάνει να νιώθω θυμό, στεναχώρια, ικανοποίηση, ενοχές, απόρριψη, ματαίωση, ενδιαφέρον, αποδοχή, αγάπη, λύπηση και άλλες συναισθηματικές καταστάσεις;»

«Άραγε αναγνωρίζω πώς επηρεάζουν τη συμπεριφορά μου τα διαφορετικά συναισθήματα που νιώθω κάθε φορά;»

«Μπορώ να ξεχωρίσω τα συναισθήματά μου από τις λο

γικές μου σκέψεις, τα "πρέπει", τα μοτίβα συμπεριφοράς που είναι πιο οικεία και συνήθως αυτόματα επιλέγω;»

Με όλα αυτά τα ερωτήματα ξεκινούμε να μπαίνουμε στον κόσμο της αυτογνωσίας και της εξερεύνησης των πλευρών της προσωπικότητάς μας. Μέσα από αυτή τη διαδικασία θα μπορέσουμε να βρούμε και να ανακαλύψουμε συμπεριφορές και τρόπους κατανόησης του κόσμου που ποτέ δεν είχαμε αντιληφθεί, αλλά απλά ακολουθούσαμε αυτόματα και συχνά ασυνείδητα. Έχοντας μπει στη διαδικασία της προσωπικής μας εξερεύνησης, ένα εξίσου γενναίο βήμα θα ήταν να αναρωτηθούμε:

«Άραγε οι άλλοι πώς με βλέπουν; Τι εικόνα έχουν για μένα; Ο τρόπος που θα με παρουσίαζαν ταιριάζει στον τρόπο με τον οποίο θα περιέγραφα εγώ τον εαυτό μου; Έχω αναρωτηθεί ποτέ το πώς ο τρόπος που φέρομαι εγώ στους άλλους ανθρώπους, κοντινούς ή μη, επηρεάζει τον τρόπο που μου φέρονται αυτοί;»

Συζητούμε για μια κυκλικότητα στην οποία η μία συμπεριφορά επηρεάζει την άλλη και η πρώτη επανατροφοδοτείται από αυτή την αντίδραση και μετά μένει σταθερή ή τροποποιείται.

«Πόσο σημαντικό είναι για τον καθένα μας το πώς μας φέρονται οι άλλοι και το τι γνώμη έχουν για μας;»

Αν αναρωτηθεί ο καθένας μέσα του ίσως ανακαλύψει πως, χωρίς να το συνειδητοποιούμε, σε ένα πολύ μεγάλο μέρος της ζωής μας επηρεαζόμαστε τόσο γνωστικά όσο και συναισθηματικά από τις σχέσεις μας με τους άλλους. Ο κάθε άνθρωπος από τη στιγμή που γεννιέται (σκεφτείτε ένα βρέφος) αποτελεί μέρος ενός συνόλου το οποίο επηρεάζει και από το οποίο επηρεάζεται καθημερινά και συνεχόμενα. Τις περισσότερες φορές, λοιπόν, όταν θέλουμε να μιλήσουμε για το δίπολο ευτυχία – δυστυχία, ένα μεγάλο μέρος θα κριθεί από το πώς ο κάθε άνθρωπος έχει βιώσει αυτές τις δύο έννοιες και από το πόση ευτυχία ή δυστυχία ένιωσε κατά τη διάρκεια της ζωής του. Είναι σημαντικό να εξεταστούν οι συνθήκες κάτω από τις οποίες ένιωσε αυτές τις συναισθηματικές καταστάσεις, κάτι το οποίο καθορίζει και το πώς ο καθένας ορίζει και αντιλαμβάνεται αυτές τις έννοιες της ευτυχίας και δυστυχίας και σε ένα επόμενο βήμα μπορεί να τις διαχωρίσει.

Τα πρωταρχικά βιώματα και οι εμπειρίες του κάθε ανθρώπου είναι πολύ βασικά για το πώς θα αντιλαμβάνεται τον εαυτό του, τα χαρακτηριστικά του, τα θέλω του, τα ιδανικά του και στη συνέχεια την κατανόηση της ευτυχισμένης ζωής. Αν ρωτούσαμε αυτή τη στιγμή τους κοντινούς μας ανθρώπους τι είναι για τους ίδιους ευτυχία, ίσως να είναι γι' αυτούς μια έννοια πολύ γενική και ακαθόριστη, που συνήθως μπορεί να ακολουθεί κάποια στερεότυπα που μπορεί να είναι απ' αυτό που προβάλλεται στην κοινωνία, αλλά λίγοι θα είχαν μπει στη διαδικασία να αναρωτηθούν προσωπικά τι θα ήταν ευτυχία για τους ίδιους.

Σχέση με τον εαυτό μας

Αν εξερευνήσουμε λίγο παραπάνω τη σχέση με τον εαυτό μας, θα ήταν πολύ ενδιαφέρον να εξετάσουμε μια μέρα της ζωής μας και να κάνουμε αυτοπαρατήρηση των σκέψεων αλλά και των συναισθημάτων μας. Ένα πρώτο ερώτημα θα ήταν ποια πράγματα κάνουμε συνειδητά με τη βούλησή μας παρούσα και πόσα απ' αυτά είναι αυτόματοι τρόποι λειτουργίας που έχουν γίνει απλά συνήθεια. Θα ήταν πολύ ενδιαφέρον, παρατηρώντας τον εαυτό μας, να αντιληφθούμε σκέψεις και προθέσεις για πράξη που έρχονται στο μυαλό μας αλλά ποτέ δεν εξωτερικεύονται. Αυτόματα λοιπόν έρχεται το ερώτημα:

«Τι είναι αυτό που μας κάνει πολύ συχνά να μην επιτρέ-

πουμε στον εαυτό μας να εκφράσει συναισθήματα και συ-
μπεριφορές ή και να μην προβαίνουμε σε πράξεις που ενώ
πραγματικά τις θέλουμε και θα μας κάνουν να νιώσουμε
καλύτερα, εμείς τις μπλοκάρουμε;»

«Θα μπορούσαν να είναι κάποιοι φόβοι, κάποιες αναστο-
λές ή κάποιες άσχημες βιωματικές εμπειρίες από το παρελ-
θόν οι οποίες μας έχουν οδηγήσει στο να παίρνουμε την
τελική απόφαση να μην εκφραστούμε όπως θέλουμε, να
μην πράξουμε όπως θα επιθυμούσαμε;»

Αν μπούμε λοιπόν σε μια τέτοια διαδικασία αυτοπαρα-
τήρησης, θα έρθουμε πιο κοντά σ' αυτές τις πλευρές της
προσωπικότητάς μας οι οποίες μας κρατούν δέσμιους από
το να είμαστε αυθεντικοί και ειλικρινείς, αρχικά με τον εαυ-
τό μας και στη συνέχεια με τους ανθρώπους γύρω μας. Αν
φτάσουμε στο σημείο να ονομάσουμε και να κάνουμε πιο
συγκεκριμένους, άρα και πιο απτούς, τους εσωτερικούς
μας περιορισμούς, έχουμε ήδη κάνει το πρώτο βήμα για να
έρθουμε πιο κοντά στον εαυτό μας. Μ' αυτόν τον τρόπο θα
μπορούσε κάποιος να πει: Πλέον μπορούμε να ορίσουμε
και να εντοπίσουμε ποια προσωπικά ζητήματα μας κρα-
τούν μακριά από την προσωπική μας ευεξία. Έχουμε βρει
τους εχθρούς με τους οποίους πρέπει να παλέψουμε, και
δεν μιλούμε για αφηρημένες έννοιες αλλά για ξεκάθαρα
κομμάτια του εαυτού μας, τα οποία αν θέλουμε να τα αλ-
λάξουμε πρέπει να βρούμε τον τρόπο. Μ' αυτόν τον τρόπο
αρχίζουμε να μπαίνουμε στα κομμάτια της αυτογνωσίας,
τα οποία είναι ο πρόδρομος και απαραίτητη προϋπόθεση
για να μπορέσουμε να ξεκινήσουμε το ταξίδι της προσω-
πικής αλλαγής, η οποία προϋποθέτει να υπάρχει ισχυρό
κίνητρο και διάθεση για την κατάκτηση αυτών των προ-
σωπικών στόχων. Μπορεί να ακούγεται ως μια απλή δια-
δικασία, αλλά σίγουρα δεν είναι κάτι που συμβαίνει σε μια
μέρα. «Ανοίγοντας» όμως αυτό το μάτι αυτοπαρατήρησης

στο τι μας δυσκολεύει, έχουμε ανοίξει μια «πύλη» στο να έρθουμε σε ειλικρινή επαφή με τον εαυτό μας.

Το επόμενο βήμα, αφού έχουμε εντοπίσει τους αυτόματους, μαθημένους και συχνά ασυνείδητους περιορισμούς, είναι να έρθουμε σε επαφή με τις πραγματικές μας ανάγκες κι επιθυμίες. Είναι σημαντικό για τον καθένα από μας να έρθει σε επαφή με τα πιο αυθεντικά κομμάτια του εαυτού του και να προσπαθήσει να ακούσει τις υπαρξιακές του ανάγκες.

«Τι θα ήθελα να κάνω πραγματικά για μένα; Ποιες είναι οι εσωτερικές μου ανάγκες; Πόσο καλύπτονται και πόσο δεν καλύπτονται αυτή τη στιγμή της ζωής μου; Πόσο κοντά είναι σ' αυτά που ονειρευόμουν ότι ήθελα να κάνω όταν ήμουν πιο νέος; Αν εξετάσω τις επιλογές που έχω κάνει μέχρι τώρα, πόσες ήταν πραγματικά δικές μου στο 100% και πόσες ήταν ένας συμβιβασμός για άλλους λόγους;»

Σ' αυτή τη φάση αναζήτησης θα ήταν αρκετά κομβικό να ανακαλύψει ο καθένας από μας ποια είναι τα κριτήρια που χρησιμοποιεί κάθε φορά που παίρνει μια σημαντική απόφαση για τη ζωή του... Συμβιβασμοί μπορεί να υπάρχουν στη ζωή μας γενικότερα, αλλά η αρχική πρόθεση είναι 100% δική μας ή είναι προϊόν ζύμωσης άλλων παραγόντων; Μπαίνοντας σε μια τέτοια διαδικασία, χρειάζεται θάρρος για να κάνουμε μια ανασκόπηση των επιλογών μας σε όλα τα επίπεδα. Στις προσωπικές μας αποφάσεις και στις αποφάσεις για τις σχέσεις μας με όλους αυτούς που πέρασαν ή συνεχίζουν να είναι στη ζωή μας. Μέσα σ' αυτή τη διαδικασία της προσωπικής αναζήτησης θα ανακαλύψουμε τα περισσότερο αυθεντικά μας κομμάτια και πιθανώς θα έρθουμε μπροστά στο πόσο ειλικρινείς μπορεί να ήμασταν και να είμαστε με τον εαυτό μας. Δεν αποκλείεται μέσα απ' αυτή τη διαδικασία ενδοσκόπησης να νιώσουμε θλίψη, πόνο, θυμό και απογοήτευση τόσο για τον εαυτό μας, όσο και για τους άλλους ανθρώπους που σε μεγάλο βαθμό τούς επιτρέπουμε να επηρεάζουν τις αποφάσεις που τελικά παίρνουμε. Ακόμα και αν προκύψουν τέτοια συναισθήματα είναι σημαντικό να αφεθούμε σ' αυτά· να τα βιώσουμε, χωρίς όμως να παγιδευτούμε σ' αυτά, αλλά να τα χρησιμοποιήσουμε ως μαγιά για την αλλαγή που θέλουμε να φέρουμε στον εαυτό μας και στην καθημερινότητά μας. Το να έρθουμε πιο κοντά στις εσωτερικές μας ανάγκες κι επιθυμίες μετά από το κομμάτι της συνειδητοποίησης ακολουθεί ένα επόμενο βήμα. Το επόμενο βήμα είναι η σταδιακή συμφιλίωση με την καινούρια συναισθηματική κατάσταση που ανακαλύπτουμε:

«Πώς ήμουν πριν και πώς θέλω να είμαι τώρα;»

Έπειτα είναι σαν να βρίσκομαι σε ένα σταυροδρόμι και πρέπει να αναλογιστώ το τι θα αποφασίσω να κάνω από 'δώ και πέρα, αφού έχω αποκαλύψει στον εαυτό μου τις προσωπικές μου ανάγκες κι επιθυμίες, τα εσωτερικά μου φρένα κι εμπόδια για την προσωπική μου εξέλιξη. Οι δρόμοι που ανοίγονται μπροστά είναι: ο δρόμος της εξέλιξης αναζητώντας την προσωπική μου ευτυχία, ένα άγνωστο μέχρι τώρα μονοπάτι, ή ένας δρόμος «οικείος», αλλά που συχνά μπορεί να μην αποτελείται από τη δική μου προσωπική κι αυθεντική εσωτερική επιθυμία.

Ξεκινώντας να συνειδητοποιούμε όλες αυτές τις προσωπικές μας αλήθειες, έχουμε κάνει σίγουρα ένα βασικό βήμα για να είμαστε πιο αυθεντικοί και ειλικρινείς με τον εαυτό μας. Αν μπει ο καθένας στη διαδικασία να εξετάσει προσεκτικά τους ανθρώπους που βρίσκονται γύρω του, θα είχε μεγάλο νόημα να προσπαθήσει να σκεφτεί και να αναλογιστεί:

«Ποιοι μου φαίνονται πως είναι αυθεντικοί απέναντί μου και ποιοι απέναντι στις προσωπικές τους ανάγκες;»

Μέσα από τη διαδικασία όλων αυτών των ερωτήσεων ενδοσκόπησης καταλήγουμε πως η σχέση με τον εαυτό μας και η γνωριμία με τις υπαρξιακές μας ανάγκες και με τις αυθεντικές μας επιθυμίες είναι ίσως ο προθάλαμος για να μπορεί ο καθένας να αρχίσει να γράφει το κεφάλαιο της προσωπικής του ευτυχίας.

Η σχέση με τους άλλους

Συνεχίζοντας το ταξίδι της αναζήτησης της ευτυχίας μπαίνουμε σε ένα πολύ μεγάλο και σύνθετο κεφάλαιο ζωής, το οποίο είναι οι σχέσεις μας με τους άλλους. Είναι ένα πολυσχιδές θέμα, το οποίο αναπόφευκτα έρχεται και ξανάρχεται στη ζωή όλων των ανθρώπινων όντων. Κάνοντας ακόμα πιο πολύπλοκη τη συζήτηση, βάζουμε και τον όρο πως η σχέση μας με τον εαυτό μας σίγουρα έχει τεράστια επιρροή στο πώς σχετιζόμαστε με τους άλλους, αλλά αναπόφευκτα οι σχέσεις μας με τους άλλους, οι εμπειρίες που μοιραζόμαστε, συναισθηματικές και πρακτικές, επηρεάζουν την αυτοεικόνα μας, τη διάθεσή μας, ακόμα και την αυτοπεποίθησή μας και δυνητικά τις μελλοντικές μας σκέψεις και αποφάσεις. Φαίνεται πως υπάρχει μια διαρκής σύνδεση η οποία δεν είναι απλά γραμμική, αλλά πολυεπίπεδη, κι εφόσον υπάρχει παρελθόν, οι μέχρι τώρα εμπειρίες στη ζωή μας επηρεάζουν σε μεγάλο βαθμό τον τρόπο που θα σχετιστούμε με τους άλλους και κατ' επέκταση το τι θα προσφέρουμε στον εαυτό μας ή τι θα διεκδικήσουμε για τον εαυτό μας μέσα στις διαπροσωπικές μας σχέσεις.

Οι σχέσεις μας με τους άλλους σίγουρα μπορούν να διαχωριστούν σε αρκετά επίπεδα, όπως οικογενειακές, φιλικές, ερωτικές, επαγγελματικές και γενικότερα κοινωνικές. Οι πιο στενές διαπροσωπικές σχέσεις είναι σίγουρα αυτές που επηρεάζουν την προσωπική μας ιστορία και, σε μεγάλο βαθμό, τη μελλοντική μας πορεία. Οι πρώτες ισχυρές σχέ-

σεις είναι οι σχέσεις με την οικογένεια, οι οποίες σε μεγά-
λο βαθμό επηρεάζουν την εικόνα που διαμορφώνουμε για
τον εαυτό μας, αλλά και τον τρόπο που αντιλαμβανόμαστε
τους άλλους ως προσωπικότητες με τις οποίες καλούμαστε
να συνδεθούμε στη συνέχεια της ζωής μας. Αναζητώντας
λοιπόν την προσωπική μας ευτυχία, σίγουρα δεν μπορούμε
να αλλάξουμε το παρελθόν μας. Μπορούμε όμως να αλ-
λάξουμε το μέλλον μας εντοπίζοντας τι μπορεί να μας βα-
ραίνει από τις πρωταρχικές σχέσεις που διαμορφώσαμε στο
περιβάλλον που βιώναμε ως οικογένεια.

Στις πρώιμες σχέσεις μας λοιπόν μαθαίνουμε το πόσο
αποδεκτές είναι οι επιθυμίες μας, τα συναισθήματά μας και
οι πράξεις μας. Είναι το συναισθηματικό πλαίσιο που επη-
ρεάζει τον τρόπο με τον οποίο τολμάμε να εξερευνήσουμε
κάθε νέα πραγματικότητα, όπως το πόσο αυθόρμητοι κι αυ-
θεντικοί μπορεί να είμαστε, το πόσο αποδεκτοί και αγαπη-
τοί νιώθουμε και τον τρόπο με τον οποίο διαχειριζόμαστε
τις πρώτες μας ματαιώσεις, τον έλεγχο των παρορμήσεών
μας και τη νοηματοδότηση όλων αυτών των σημαντικών
εμπειριών στη ζωή μας. Το τι νόημα θα δώσει ένα μικρό
παιδί σε μια λανθασμένη του πράξη, πάντα σε άμεση σύν-
δεση με τις αντιδράσεις και τη συναισθηματική και γνω-
στική ανατροφοδότηση που θα πάρει από την οικογένειά
του, έχει πολύ μεγάλη επιρροή στο πώς θα βλέπει και θα
αντιμετωπίζει κάποια λάθη του στο μέλλον. Ο τρόπος που
θα μάθει να εκφράζει και να διαχειρίζεται τα έντονα συ-
ναισθήματά του μέσα στο οικογενειακό του πλαίσιο, που
είναι ένα πολύ ζωντανό και πλούσιο σε θετικές και αρνητι-
κές εμπειρίες σύστημα, είναι σίγουρα μια βάση πάνω στην
οποία θα μπορέσει να στηριχτεί για να μπορέσει να έρθει
κοντά σε άλλους ανθρώπους στη συνέχεια της ζωής του.

Ο άνθρωπος όμως είναι ένα ον που συνέχεια μπορεί να
εξελίσσεται, να αλλάζει και να βάζει στόχους τόσο για

την προσωπική του εξέλιξη όσο και για τις σχέσεις του με άλλους ανθρώπους. Θα ήταν πολύ άδικο να πούμε πως οι πρώιμες σχέσεις με την οικογένεια καθορίζουν τη συνολική πορεία του κάθε ανθρώπου. Σίγουρα επηρεάζουν σε μεγάλο βαθμό, εφόσον είναι οι βασικές μαθησιακές του εμπειρίες στον συναισθηματικό τομέα. Γι' αυτό, όμως, όταν ο καθένας πλέον συνειδητοποιεί πού βρίσκεται ο ίδιος σε σχέση με όλα αυτά και κατά πόσο επηρεάζουν τις τωρινές του σχέσεις, έχει κάνει το πρώτο βήμα. Μπορεί να είναι μια επίπονη και δύσκολη διαδικασία για τον καθένα το να συνειδητοποιεί τον τρόπο με τον οποίο σχετίζεται με τους άλλους ανθρώπους και σε δεύτερο επίπεδο να κάνει τις εσωτερικές συνδέσεις μέσα του για το πόσο ο τρόπος με τον οποίον συνδέεται με τους άλλους δεν είναι ο μοναδικός, αλλά είναι ένα προϊόν μάθησης που ο ίδιος επαναλαμβάνει εφόσον μεγάλωσε με τέτοιους τρόπους. Οι αναθεωρήσεις και οι πειραματισμοί που μπορεί να κάνει τώρα ανοίγουν μπροστά του έναν καινούριο κόσμο με κάποια ρίσκα, αλλά και πρωτόγνωρες συγκινήσεις.

Παίρνοντας υπόψη μας λοιπόν τις τόσο διαφορετικές εμπειρίες ζωής που μπορεί να έχει ο κάθε άνθρωπος, ερχόμαστε ξανά στη θέση πως η αναζήτηση της ευτυχίας είναι κάτι πολύ σχετικό για τον καθένα. Κάποιος που προτιμά να έχει ισότιμες σχέσεις, να συνδέεται ξεκάθαρα και με ειλικρινή τρόπο με τους άλλους και να μπορεί σε μεγάλο βαθμό να διατηρεί την αυτονομία του, την ελεύθερη βούλησή του, σίγουρα αντιλαμβάνεται την ευτυχία διαφορετικά από έναν άλλον άνθρωπο που προτιμάει να φροντίζεται και να υποστηρίζεται από άλλους και να υπάρχει πάντα μια πιο ισχυρή φιγούρα στη ζωή του, η οποία θα παίρνει τις ευθύνες στις δύσκολες αποφάσεις και θα είναι πάντα δίπλα του. Βλέποντας δύο πολύ διαφορετικές προσωπικότητες (υπάρχουν πάρα πολλοί τρόποι οργάνωσης της προσωπικότητας) αντιλαμβανόμαστε για μία ακόμη φορά τη ρευστότητα και την υποκειμενικότητα της ευτυχίας. Είναι πραγματικά μια προσωπική υπόθεση για τον καθένα. Δεν είναι λοιπόν καθόλου εύκολο για κάποιον από μακριά να κρίνει τι θα κάνει ευτυχισμένο κάποιον άλλο. Ένα συχνό λάθος είναι αυτό που κάνουν αρκετοί γονείς σε σχέση με την ευτυχία των παιδιών τους. Είναι μια μεγάλη παγίδα στην οποία οι γονείς φαίνεται να πέφτουν συχνά, όταν θαρρούν πως είναι δική τους ευθύνη αλλά και δικαιοδοσία να επιλέξουν τι θα κάνει τα παιδιά τους ευτυχισμένα, ειδικά μετά την ενηλικίωσή τους. Δυστυχώς, ιδιαίτερα στην ελληνική κοινωνία, είναι συχνό φαινόμενο ενήλικα «παιδιά» να εγκλωβίζονται και να δεσμεύονται σε «θέλω» κι επιθυμίες των γονιών τους, τα οποία έχουν φανταστεί οι ίδιοι πως θα είναι ο δρόμος για την ευτυχία των παιδιών τους.

Η ευτυχία που ο καθένας μπορεί να επιδιώξει σίγουρα συνδέεται με τη δυνατότητά του να χρησιμοποιεί την ελεύθερη βούλησή του και το προσωπικό του δυναμικό, ακόμη κι αν αυτό προϋποθέτει σύγκρουση κι αναθεώρηση εσωτερικών σχημάτων και προτύπων που μπορεί να εγκατασταθούν μέσα από την οικογενειακή παράδοση. Θα ήταν αποκαλυπτικό αν ο καθένας μπορούσε να βρεθεί σε μια προσωπική στιγμή, να χαλαρώσει, να κλείσει τα μάτια του, να προσπαθήσει να «βουτήξει» στα όνειρά του και να αρχίσει να φαντάζεται τον εαυτό του να τα υλοποιεί και να ζει μέσα σ' αυτά. Χρειάζεται τόλμη και γενναιότητα, αλλά θα βγει κερδισμένος όποιος μπορέσει να μπει σ' αυτή τη διαδικασία ενδοσκόπησης και να αρχίσει να αναρωτιέται:

«Ποιους ανθρώπους θέλω πραγματικά δίπλα μου, για ποιους λόγους και με ποιον τρόπο;»

Ξεκινάει λοιπόν ένας εσωτερικός διάλογος με προβληματισμούς: «Στους ανθρώπους με τους οποίους στο εδώ και τώρα σχετίζομαι υπάρχουν κάποιοι από τους οποίους τελικά καταπιέζομαι; Υπάρχουν άνθρωποι στη ζωή μου οι οποίοι κυρίως με δυσκολεύουν και εισπράττω κυρίως αρνητικά παρά θετικά ερεθίσματα;»

Θα ήταν πολύ χρήσιμο να κάνει ο κάθε άνθρωπος μια τέτοια τακτοποίηση των σχέσεων μέσα του και να προσπαθήσει να ιεραρχήσει το πόσο σημαντικές είναι στην καθημερινότητά του. Το επόμενο ερώτημα είναι:

«Αν όντως υπάρχουν τέτοιες σχέσεις στη ζωή μου, γιατί τους κρατάω δίπλα μου; Ποιοι είναι οι λόγοι που επιλέγω να συνεχίζω να προσφέρω στον εαυτό μου μια τέτοια δυσάρεστη εμπειρία;»

Αυτός ο αναστοχασμός μάς οδηγεί μπροστά σε πολλές επιλογές, όπως ένα σταυροδρόμι με πολλές κατευθύνσεις: «Επιλέγω να αφήσω αυτή τη σχέση όπως είναι ή επιλέγω να αλλάξω τον τρόπο με τον οποίο συνδέομαι μ' αυτόν τον άνθρωπο;»

Μπαίνοντας λοιπόν σ' αυτή την εσωτερική αναζήτηση προοπτικών, προκύπτουν και πολύ χρήσιμα συμπεράσματα για τον εαυτό μας και τον χαρακτήρα μας. «Τι μας κρατάει στο να ανεχόμαστε πράγματα που δεν μας αρέσουν από τους άλλους; Τι μας δυσκολεύει στο να αλλάξουμε κάτι σε μια σχέση η οποία φαίνεται ότι μας φθείρει; Μπορούμε να φανταστούμε άλλους τρόπους με τους οποίους κάποιες σχέσεις από τοξικές ή ψυχοφθόρες θα γινόντουσαν πιο εποικοδομητικές;» Είναι πολύ σημαντικό να παρατηρήσουμε πως μέσα από τις δύσκολες σχέσεις μπορεί να επηρεαζόμαστε αισθητά και στη διάθεσή μας καθημερινά, αλλά και στην τελική εικόνα που μένει για τον εαυτό μας...

Αναζητώντας λοιπόν την ευτυχία μας, πώς τελικά φανταζόμαστε τις ιδανικές σχέσεις με τους γύρω μας και πόσο κοντά ή μακριά είμαστε απ' αυτό; Τι δρόμο χρειάζεται να διανύσουμε για να μπορέσουμε σιγά σιγά να προσεγγίσουμε αυτόν τον ιδανικό τρόπο; Μέσα απ' αυτή την εσωτερική περιπλάνηση έρχεται και το επόμενο βήμα:

«Ποιοι είναι οι σημαντικοί άλλοι για εμάς, πώς σχετιζόμαστε μαζί τους και πώς τελικά μας επηρεάζει όλο αυτό; Ποιους τελικά επιλέγουμε να θεωρούμε σημαντικούς για εμάς και με ποιον τρόπο επιλέγουμε να είμαστε μαζί τους; Σ' αυτές τις σχέσεις υπάρχει η ελευθερία να είμαστε αυθεντικοί, ειλικρινείς, αυθόρμητοι και αποδεκτοί; Τι κάνει αυτούς τους ανθρώπους σημαντικούς για εμάς και υπάρχει αμοιβαιότητα σ' αυτό, στο πόσο σημαντικοί είμαστε κι εμείς για εκείνους; Τι γίνεται λοιπόν με τις σχέσεις οι οποίες μας είναι απαραίτητες για να νιώσουμε ευτυχισμένες στιγμές; Κι όταν τις νιώθουμε, είναι εύκολο να τις ονομάσουμε και να τις μοιραστούμε μαζί τους;»

Όλη αυτή η αναζήτηση μπορεί να φέρει ανάμεικτα συναισθήματα που μπορεί να εμπεριέχουν άγχος, αγωνία αρχικά για το κόστος που μπορεί να έχει η συνειδητοποίηση αυτών των προσωπικών βιωμάτων και στη συνέχεια το βάρος της προσπάθειας για αλλαγή. Στον πυρήνα όλης αυτής της αναζήτησης της ευτυχίας, τόσο σε ατομικό όσο και σε διαπροσωπικό επίπεδο, ελλοχεύει μια βασική και στιβαρή έννοια. Η έννοια της **επιλογής**. Μέσα σε όλο αυτό το ταξίδι είναι πολύ σημαντικό για κάθε άνθρωπο να αντιλαμβάνεται τη δυνατότητα επιλογής που έχει σε κάθε τι που συμβαίνει. Για κάποιους μπορεί να ακούγεται βαρύ και τρομακτικό, για άλλους ανακουφιστικό κι απελευθερωτικό. Αλλά ακόμα και το νόημα που θα δώσουμε σε κάθε σκέψη, εμπειρία, σχέση, βίωμα, είναι κι αυτό θέμα προσωπικής επιλογής.

Αυτό είναι και το πιο αισιόδοξο μήνυμα για κάθε άνθρωπο που θέλει να μπει σ' αυτή την προσωπική αναζήτηση. Το πόση δύναμη έχει ο καθένας από μας να επιλέξει να αλλάξει τη ζωή του γίνεται συνειδητό όταν αποδεχτεί πως το μεγαλύτερο μέρος του τρόπου με τον οποίο βιώνει την καθημερινότητά του είναι στον μεγαλύτερο βαθμό επιλογή του. Κάποιοι θα μπορούσαν να πουν πως για ορισμένους ανθρώπους μερικά πράγματα έρχονται πιο εύκολα, ενώ για άλλους πιο δύσκολα... Αναστρέφοντας αυτή την πεποίθηση αχνοφαίνεται η απάντηση πως και η αδικία και οι δυσκολίες είναι κάτι που ο καθένας βιώνει με έναν πολύ διαφορετικό τρόπο, άρα φεύγοντας απ' αυτή την παγίδα δημιουργείται το καινούριο ερώτημα:

«Πώς στέκομαι κάθε φορά απέναντι σε όποιες δυσκολίες/αδικίες μπορεί να βιώνω καθημερινά; Πώς αντιμετώπιζα μέχρι σήμερα ό,τι μου συνέβαινε και για ποιους λόγους επέλεγα αυτές τις αντιδράσεις;»

Αλλάζοντας και ρευστοποιώντας τις μέχρι τώρα αναμενόμενες αντιδράσεις, ανοίγω τον δρόμο της κατανόησης των απεριόριστων δυνατοτήτων που διαθέτει ο καθένας.

Η ευτυχία είναι τελικά κάτι ιδανικό και άπιαστο ή μια διαρκής μάχη κατάκτησης κι απόλαυσης της πνευματικής μας ελευθερίας σε συνδυασμό με την ηθική, λογική και συναισθηματική μας πληρότητα;

Την απάντηση θα τη δώσει ο καθένας στον εαυτό του.

Βιογραφικό

Ο Γιάννης Δασκαλάκης γεννήθηκε το 1980 στην Αθήνα. Σπούδασε Ψυχολογία στο Αριστοτέλειο Πανεπιστήμιο Θεσσαλονίκης και συνέχισε με το μεταπτυχιακό Κοινωνικής Κλινικής Ψυχολογίας «Εξαρτήσεις και Ψυχοκοινωνικά Προβλήματα». Έχει εξειδικευτεί στη Συστημική – Οικογενειακή Ψυχοθεραπεία κι έχει διετή εκπαίδευση σε ομαδική θεραπεία – ψυχόδραμα.

Έχει εργαστεί ως ψυχολόγος, εθελοντικά κι έμμισθα σε χώρο Οξέων Περιστατικών στο Ψυχιατρικό Νοσοκομείο Θεσσαλονίκης, σε ειδικό σχολείο, σε δομές απεξάρτησης για χρήστες ναρκωτικών ουσιών, ως επιστημονικά υπεύθυνος σε ξενώνα προσωρινής φιλοξενίας ανηλίκων θυμάτων παραμέλησης και κακοποίησης και σε ξενώνα ασυνόδευτων ανηλίκων αιτούντων άσυλο.

Επιπλέον, εργάστηκε ως σχολικός ψυχολόγος οργανώνοντας προγράμματα πρόληψης και παρείχε συμβουλευτική σε εκπαιδευτικούς, γονείς και μαθητές. Επίσης, απασχολήθηκε σε πρόγραμμα εργασιακής συμβουλευτικής και ψυχοκοινωνικής υποστήριξης σε οικογένειες που επλήγησαν από την οικονομική κρίση στην Ελλάδα.

Από τον συγγραφέα κυκλοφορεί το βιβλίο *Η Συνάντηση*, ένα μυθιστόρημα στο οποίο παρουσιάζεται ο τρόπος που λειτουργεί ο ανθρώπινος ψυχισμός και πώς επιδρά η αυτογνωσία και η ψυχοθεραπεία μέσα από ένα λογοτεχνικό μοτίβο, το διήγημα *Jeffry, διαρρήκτης ονείρων* και το παραμύθι επαυξημένης πραγματικότητας *Ο Μικρός Άγγελος και ο Σχολικός Εκφοβισμός* με θέμα τον τρόπο λειτουργίας του εκφοβισμού μέσα από τα μάτια των παιδιών.

Οι χαρές και οι λύπες της ευτυχίας:

ένας οδηγός επιβίωσης για όσους την αναζητούν

...

γράφει ο
Χαράλαμπος Πετράς

Ποια είναι η ευτυχία: οι απαραίτητες συστάσεις

Όλοι επιδιώκουν να είναι ευτυχισμένοι, όλοι πιστεύουν ότι οι ευχάριστες εμπειρίες έχουν μεγαλύτερη αξία από τις δυσάρεστες, όλοι κυνηγούν περισσότερη χαρά σε κάθε γωνιά του πλανήτη, η ευτυχία είναι ο σκοπός της ζωής. Είναι όμως έτσι; Η επιδίωξη της ευτυχίας, όπως αυτή παρουσιάζεται στον κυρίαρχο, επιστημονικό και πολιτικό λόγο, δεν είναι μια παγκόσμια αλήθεια, η καθιέρωσή της ως αξία αποτελεί μια πολιτισμική και ιστορική κατασκευή. Μπορεί για τον σύγχρονο δυτικό πολιτισμό να είναι μια προσδοκία με βάση την οποία γεννώνται συναισθήματα και λαμβάνονται αποφάσεις, εντούτοις είναι κτιστή. Ο σκοπός, το περιεχόμενο και η λειτουργία της ευτυχίας στη ζωή των ανθρώπων διαφέρουν σε κάθε κουλτούρα, τόπο κι εποχή.

Για τους κατοίκους των τροπικών δασών του Αμαζονίου, η ευτυχία είναι συλλογική κι εξαρτάται από δύο παράγοντες: πρώτον, την αρμονική ισορροπία που πρέπει να διέπει τη σχέση ανάμεσα στους ανθρώπους, τις υπόλοιπες μορφές ζωής στον υλικό κόσμο και τα υπερφυσικά όντα που κατοικούν στον κόσμο πέρα από την ύλη. Δεύτερον, την ηθική που ρυθμίζει τις σχέσεις μεταξύ των γενεών εσωτερικά του ανθρώπινου είδους. Έτσι η σχέση, η ηθική της σχέσης, η αρμονική ισορροπία και υπέρβαση του υλικού κόσμου αποτελούν αξίες με βάση τις οποίες προσδιορίζεται η ευτυχία (Wali, 2012). Για τους φτωχούς κατοίκους του Σικάγο, η επιδίωξη της ευημερίας και της ευτυχίας περιλαμβάνει και προϋποθέτει την απελευθέρωσή τους από το καθεστώς της εξαρτημένης εργασίας. Έτσι, οι άνθρωποι επιλέγουν να κερδίζουν λιγότερα χρήματα ώστε να κερδίζουν περισσότερο τον χρόνο τους (Wali, 2012). Η αξία της ιδιοκτησίας του χρόνου τους προηγείται από εκείνη της ευτυχίας.

Στη νήσο Γιαπ, νοτιοανατολικά των Φιλιππίνων, η ευτυχία έχει μικρότερη αξία από τον ψυχικό πόνο, καθώς δεν επιτρέπει την εκδήλωση αυθεντικού ενδιαφέροντος και συμπόνοιας προς τον άλλο. Για τους ηλικιωμένους της Ιαπωνίας, η ευτυχία βρίσκεται στο ενδιαφέρον, τη φροντίδα και την καθοδήγηση των νεότερων. Ενώ για τους Βρετανούς Ουμανιστές (British Humanist Association), η ευτυχία βρίσκεται στις ιδέες του Διαφωτισμού, δηλαδή, στην απελευθέρωση του ανθρώπου από τη θρησκευτική πίστη και τις δεισιδαιμονίες. Για τον Γουίλι (όχι τον «νέγρο θερμαστή από το Τζιμπουτί»), έναν συνταξιούχο Σουηδό, η σκληρή δουλειά και η ενεργητική συμμετοχή στα κοινά καθορίζουν το πόσο ικανοποιημένος νιώθει από τη ζωή του. Για τους νεαρούς πολιτοφύλακες της Γουινέα-Μπισσάου στη δυτική Αφρική, η ευτυχία είναι άρρηκτα συνδεδεμένη με την κοινωνική διάκριση και την κατάκτηση μιας θέσης κοινωνικής ισχύος μέσω της έμπρακτης υποστήριξης και της αλληλεγγύης προς τους φτωχούς και τους πιο αδύναμους. Ευτυχία για αυτούς είναι *να γίνεις κάποιος* (Walker & Kavedžija, 2015).

Στις περιοχές της ανατολικής Ασίας, η ευτυχία βιώνεται ως μία διαπροσωπική εμπειρία σύνδεσης με τον άλλον. Έτσι, οι άνθρωποι κινητοποιούνται για να ενσωματωθούν σε κοινωνικές σχέσεις κι επιδιώκουν την ισορροπία ανάμεσα στα θετικά και τα αρνητικά συναισθήματα (Uchida et al, 2004). Στον σύγχρονο ιαπωνικό πολιτισμό δε, η *μη επιδίωξη της ευτυχίας* είναι ευτυχία. Οι πηγές της είναι ελεύθερα προσβάσιμες και αξιοποιήσιμες στο εσωτερικό των κοινωνικών και διαπροσωπικών σχέσεων, κι έτσι, αν κανείς συνδέεται αυθεντικά με τους άλλους δεν έχει λόγο να κυνηγά την ευτυχία ατομικά, τη βιώνει ήδη (Kitayama & Markus, 2000).

Η ευτυχία διασκευάστηκε σε μετρήσιμο, πολιτικό και οικονομικό μέγεθος στον αναδυόμενο δυτικό πολιτισμό των τελευταίων δύο αιώνων. Αρχικά στις ΗΠΑ και αργότερα στην Ευρώπη αναπτύχθηκε ένας κυρίαρχος λόγος (discourse), στο πλαίσιο του οποίου η *επιδίωξη* της ευτυχίας έγινε αξία και η *κατάκτησή* της ατομικό επίτευγμα και δείκτης κοινωνικής λειτουργικότητας. Η ευτυχία μετατράπηκε γρήγορα σε ισοδύναμη αξία της αγοράς, ποσοτικοποιήθηκε εις βάρος των ποιοτικών της χαρακτηριστικών, επηρέασε προσωπικές και καταναλωτικές επιλογές, συναισθήματα και συμπεριφορές. Αγοράζοντας προϊόντα και υπηρεσίες, αγοράζει κανείς κι ευτυχία. Όπως χαρακτηριστικά αναφέρει ο Αμερικανός ιστορικός Peter Stearns (2012), χωρίς το ιστορικό και, συμπληρώνω, το πολιτισμικό πλαίσιο, οι προσδοκίες της αμερικανικής κουλτούρας φαίνονται τόσο φυσικές και παγκόσμιες που είναι δύσκολο να αμφισβητηθούν. Από την επιδίωξη της ευτυχίας στη Δια-

κήρυξη της Ανεξαρτησίας των ΗΠΑ το 1776, τα ευτυχισμέ-
να γεύματα (Happy Meals) των MacDonald's –που καμία
χαρά δεν προσέφεραν στον ανθρώπινο οργανισμό– μέχρι
το χαρούμενο πρόσωπο (emoticon) με το αιώνια καρφωμέ-
νο χαμόγελο, η κουλτούρα και η βιομηχανία της ευτυχίας
έχει εξαπλωθεί σε όλο σχεδόν τον δυτικό κόσμο, φθάνο-
ντας μέχρι τις παρυφές του, τη γειτονιά μας.

Ανατρέχοντας στην ιστορία της ευτυχίας του δυτικού
πολιτισμού, στον αμερικανικό 19ο αιώνα, οι νέες μορφές
εργασίας έξω από τη βιομηχανική παραγωγή, στα γραφεία
διοίκησης των επιχειρήσεων, και τα νέα επαγγέλματα που
δημιουργήθηκαν συνέβαλαν στη συγκρότηση της νέας
μεσαίας τάξης. Η τάξη αυτή αποτελούνταν από διοικητι-
κά στελέχη, επαγγελματίες και εμπόρους. Η επιδίωξη της
ευτυχίας τους συσχετίστηκε με την επιδίωξη της ένταξής
τους σε αυτό το αναδυόμενο κοινωνικό στρώμα. Κι έτσι, το
μέσο συγκρότησής του, δηλαδή η εργασία εντός γραφείου,
μια εργασία περισσότερο «πνευματική», με τεχνογνωσία,
εξειδίκευση και καλύτερες αμοιβές από το εργατικό δυ-
ναμικό, έγινε αξία. Τα στελέχη και οι επαγγελματίες της
εποχής καλούνταν να βρουν το νόημα της ζωής τους μέσω
της εργασίας τους· με άλλα λόγια, όποιοι εργάζονταν και
προόδευαν μπορούσαν να είναι και χαρούμενοι. Αντίθετα,
η τεμπελιά και οι βλαβερές συνήθειες που απειλούσαν τις
επαγγελματικές επιδόσεις απειλούσαν, αυτόματα, και την
ευτυχία τους (Stearns, 2012). Μέσα σε αυτές τις αλλαγές,
η οικογένεια ανέλαβε νέες συναισθηματικές ευθύνες· την
επιδίωξη μιας ζωής με περισσότερες *χαρές* παρά *προβλή-*
ματα. Οι γυναίκες, ως μητέρες και σύζυγοι, υπεύθυνες για
τον οικιακό χώρο, όφειλαν να διατηρούν ένα θετικό κλίμα
για τους άνδρες, οι οποίοι θα έβρισκαν στο σπίτι τους, επι-
στρέφοντας από το γραφείο, την ηρεμία, τη χαρά και μια
καθημερινότητα χωρίς σκοτούρες. Η οικογένεια έπρεπε να

φαίνεται χαρούμενη κι ευτυχισμένη. Στην πραγματικότητα όμως, οι γυναίκες ανέλαβαν να φορούν μάσκες, να κρύβουν κάτω από το χαλί τα δεινά της ζωής και τις δυσκολίες που αντιμετώπιζαν από τις αντικοινωνικές και συχνά βίαιες συμπεριφορές των συζύγων τους. Το χαμογελαστό προσωπείο, όπως εκείνη η κίτρινη φατσούλα, προσπάθησε αλλά δεν κατάφερε να κρύψει τη δυσφορία και την απογοήτευση. Στις αρχές του 20^{ού} αιώνα, η έξαρση των διαζυγίων μάστιζε την αμερικανική κοινωνία (Stearns, 2012). Πρόκειται για τις γυναίκες της «χρυσής εποχής της υστερίας», που εκτός των άλλων πατριαρχικών μοντέλων εξουσίας, ανέλαβαν να ενσωματώσουν την εικόνα μιας ευτυχισμένης οικογένειας, νομιμοποιώντας ψυχολογικά τις κοινωνικές επιταγές.

Από τη δεκαετία του 1920 μέχρι και σήμερα στις ΗΠΑ, ο λόγος περί ευτυχίας δυνάμωσε και αρθρώθηκε ακόμη πιο ισχυρός και κανονιστικός μέσα από εκδόσεις βιβλίων αυτοβοήθειας, προσφέροντας απλόχερα οδηγίες, μυστικά, συνταγές και θεωρίες. Σε μια αγορά που κεντρικό πρόσωπο είναι ο καταναλωτής, οι επιχειρήσεις και οι πωλητές τους δηλώνουν ότι έχουν έναν και μόνο σκοπό, να κάνουν τους ανθρώπους πιο ευτυχισμένους μέσα από τα προϊόντα τους (Stearns, 2012).

Όσο πιο κοντά ερχόμαστε στο σήμερα τόσο περισσότερο αντιλαμβανόμαστε την ευτυχία ως ατομικό επίτευγμα που εξαρτάται από την προσωπική ικανότητα και γνώση, μετριέται ποσοτικά μέσα από στατιστικούς δείκτες και δεν συνδιαλέγεται με την κοινωνική πραγματικότητα. Έτσι, οι άνθρωποι προσπαθούν να βιώσουν όσο το δυνατόν περισσότερα θετικά συναισθήματα, δηλαδή να μεγιστοποιήσουν τις ατομικές, θετικές εμπειρίες τους (Uchida et al, 2004). Ο όρος «ευτυχία» συσχετίστηκε με την «ευημερία» και την «ποιότητα ζωής» και αποτελεί μια υποκειμενική ψυχική κατάσταση που βιώνει το άτομο αφού μετρήσει τον βαθμό ικανοποίησής του από τη ζωή (Veenhoven, 2012).

Ταυτόχρονα, ωστόσο, αποσιωπήθηκαν μια σειρά από ουσιαστικά ζητήματα. Αν η ευτυχία δεν είναι μία τελικά και δεν αποτελεί παγκόσμια αλήθεια, τότε το ερώτημα δεν μπορεί να περιορίζεται στο *τι είναι η ευτυχία* αλλά οφείλει να συμπεριλάβει: *ποιο είναι το περιεχόμενό της, με τι είναι κανείς ευτυχισμένος, πώς η επιδίωξη της ευτυχίας* επηρεάζει τη συγκρότηση του εαυτού και τον σχεδιασμό της ζωής. Η συζήτηση για την ευτυχία αποτελεί στην πραγματικότητα μια συζήτηση για τον εαυτό και τον πολιτισμό. Καθώς οι βεβαιότητες περί της οικουμενικότητάς της αμφισβητούνται, απαιτείται ένας ριζοσπαστικός αναστοχασμός για τις φωτεινές και τις σκοτεινές πτυχές του κυρίαρχου δυτικού τρόπου. Το αίτημα που διατυπώνεται σήμερα δεν είναι τόσο η απόλυτη απόρριψη αυτού του παραδείγματος, όσο η αξιοποίηση των θετικών του στοιχείων κι ο ουσιαστικός διάλογος με τις αξίες μας. Ο δρόμος προς την ευτυχία μπορεί να προσφέρει το γόνιμο έδαφος για μια βαθύτερα υποκειμενική και συνειδητή ενεργοποίηση του ανθρώπου στον πολιτισμό του και, μέσω του πολιτισμού, τη σύνδεση με υπερβατικές αξίες, άρα τη σύνδεση με τον άλλον.

Ο φαύλος κύκλος της ευτυχίας: μια λυπηρή ιστορία

Η ευτυχία ως ψυχική κατάσταση, από μόνη της και για τον καθένα προσωπικά, αποτελεί μια θετική εμπειρία. Ωστόσο, αν το περιεχόμενο και η ουσία της ευτυχίας αφεθεί στο κενό, αν ο σύγχρονος άνθρωπος δεν ανυψώσει ένα τείχος προστασίας, τότε κάθε λογής διαφημιστές, πολιτικοί και οικονομολόγοι είναι έτοιμοι να το καλύψουν με καμπάνιες, επιστημονικές κι επιστημονικοφανείς έρευνες. Ο λόγος περί ευτυχίας, όπως αυτός αναπτύσσεται, τοποθέτησε την ευτυχία στη δημόσια σφαίρα, συγκεκριμένα στην αγορά, και της έδωσε ρόλο κανονιστικό στη ζωή των ανθρώπων. Η διαφήμιση ορίζει τον ευτυχισμένο άνθρωπο ως εκείνον που χαμογελά κάθε φορά που καταναλώνει, ανταποκρίνεται σε κοινωνικά πρότυπα και δηλώνει επιτυχημένος. Η ευτυχία έγινε αυτοσκοπός, μέτρο σύγκρισης και αυτο-αξιολόγησης. *Αν είμαι ευτυχισμένος τότε είμαι καλά, και αν δεν είμαι ευτυχισμένος τότε μάλλον έχω πρόβλημα.* Η πεποίθηση αυτή καθιερώθηκε ως η φυσική τάξη των πραγμάτων. Η χαρά έγινε δείκτης υγείας κι ευημερίας. Ποιος σπαταλά χρόνο και σκέψη για να επεξεργαστεί ουσιαστικά με τι είναι ευτυχισμένος και με τι θλίβεται; Αν αντιμετωπίζει ή τελικά αποφεύγει τα προβλήματα της ζωής, αν αναλαμβάνει την ευθύνη του ή τη μεταβιβάζει στους άλλους;

Η ευτυχία ως ποσοτικοποιημένο αγαθό στους όρους της αγοράς εμπότισε την ψυχολογία των ανθρώπων με έναν αυτο-αναφορικό, εσωτερικευμένο ανταγωνισμό. Σε αυτό συνέβαλε και το έργο ενός μέρους της ψυχολογικής επιστήμης που έχει ενδώσει στον θετικισμό, θεοποιεί τους στατιστικούς δείκτες και αδιαφορεί τόσο για την κοινωνική γένεση των συναισθημάτων όσο και για την υποκειμενικότητά τους. Σύμφωνα με την B. Fredrickson (2010), όσο περισσότερα θετικά συναισθήματα βιώνει το άτομο σε αναλογία με τα αρνητικά τόσο πιο κοντά φτάνει στην κατάκτηση της ευτυχίας. Συγκεκριμένα, απαιτείται μια αναλογία τρία προς ένα (3:1), για να διαμορφωθεί η ατομική κατάσταση ευτυχίας. Για τους εκπροσώπους της αγοράς, πολλούς ψυχολόγους και coaches, η ευτυχία ταυτίζεται και περιορίζεται στο αίσθημα της χαράς, ανεξάρτητα από τις συνθήκες που επικρατούν. Όταν είναι κανείς ευτυχισμένος εργάζεται περισσότερο, κι όταν η κατανάλωση ταυτιστεί

με την κατάκτηση της ευτυχίας τότε αγοράζει και περισσό-
τερα (Mackay, 2013; Davies, 2016). Μα, μετρώντας πόσες
φορές χαμογελάσαμε, δεν μαθαίνουμε πόσο ευτυχισμένοι
είμαστε· χρειάζονται και άλλες πληροφορίες.

Η ανάδειξη της ευτυχίας σε μια αυτο-τυφλωτική αξία, η
ατομική «φύση» της, η ταύτισή της με τον υλικό κόσμο και
την επιτυχία, διαμόρφωσαν αυτό που ονομάζουμε «βιομη-
χανία της ευτυχίας». Η συγκεκριμένη βιομηχανία παράγει
έναν φαύλο κύκλο απομόνωσης, ματαίωσης, ποινικοποί-
ησης των αρνητικών συναισθημάτων και αποφυγής των
δυσκολιών της ζωής κι ενσωματώνει τον λαϊκισμό και την
ψευδοεπιστήμη για να προωθήσει τα προϊόντα της, που
δεν είναι άλλα από συνταγές και καλά κρυμμένα μυστι-
κά. Διάφοροι συγγραφείς-«γκουρού» γίνονται αυτόκλητοι
καθοδηγητές προς τη γη της επαγγελίας και μια ζωή γε-
μάτη θετική ενέργεια, χαρά κι επιτυχίες. Στις ομιλίες και
τα βιβλία τους, ο εαυτός παρουσιάζεται ως το κέντρο του
κόσμου, αξίζει όλα όσα επιθυμεί, ανεξάρτητα από τις πρά-
ξεις και την ηθική του, γοητεύοντας έτσι το ανώριμο κοινό.
Καθώς η ευτυχία απογυμνώθηκε από την αρετή, πιάστη-
κε χέρι χέρι με μια άλλη αξία της βιομηχανίας αυτής, την
ευκολία. Οι συνταγές των «γκουρού» είναι πάντοτε γρή-
γορες κι εύκολες. Ο εαυτός-καταναλωτής αφορίζει καθετί
επίπονο και, χωρίς ουσιαστική ενδοσκόπηση, εστιάζει στην
απόλυτη θετικότητα μέσα από τεχνικές και απλά βήματα
(Πετράς, 2015).

Ας εισέλθουμε για λίγο μαζί στο μυαλό ενός ανθρώπου
που έχει πιαστεί στον ιστό που ο ίδιος υφαίνει, εγκλωβι-
σμένος στον φαύλο κύκλο της ευτυχίας: *Πρέπει να κατα-
φέρω να είμαι ευτυχής (ό,τι και να συμβαίνει γύρω μου), τα
αρνητικά συναισθήματα με απομακρύνουν από τον στόχο
μου, είναι λάθος να είμαι θλιμμένος (κι ας ζω κάτι που δεν
μου αρέσει, εγώ πρέπει να μη θλίβομαι), θα πρέπει να έχω*

αυτοπεποίθηση (είτε είμαι ικανός για κάτι είτε όχι). *Εάν δεν είμαι ευτυχισμένος δεν είμαι καλά, μάλλον έχω κατάθλιψη. Πρέπει να πετύχω τους στόχους που θα με οδηγήσουν στην ευτυχία, όμως χρειάζομαι ενίσχυση, κινητοποίηση κι ενδυνάμωση για να πετύχω τους στόχους μου. Δεν τα καταφέρνω, πρέπει να προσπαθήσω περισσότερο, είμαι σίγουρος ότι αν δείχνω χαρούμενος σιγά σιγά θα γίνω, αρκεί να το πιστέψω.*

Με αυτές τις ψυχολογίες, η ευτυχία μιας κοινωνίας καταντά το άθροισμα των ευτυχισμένων ατόμων σε σύγκριση με το σύνολο του πληθυσμού. Δηλαδή το σύνολο λυπηρών ατομικών ευτυχιών, ασύνδετων μεταξύ τους. Όπως ανέφερε ήδη από το 1925 ο Marcel Mauss, η τυφλή επιδίωξη ατομικών στόχων είναι μια κτηνώδης, βάρβαρη πράξη που υπονομεύει τους στόχους και την κοινωνική ειρήνη του συνόλου, τον ρυθμό εργασίας των ανθρώπων και την ευχαρίστησή τους, υπονομεύει και ανατρέπει τελικά το ίδιο το άτομο (μτφ. Σταματοπούλου – Παραδέλλη, 1979). Υπό αυτή την έννοια, το κυνήγι της ευτυχίας γίνεται επιβλαβές για το ίδιο το άτομο, το οποίο εν τέλει μένει άδειο, κενό. Η προσδοκία της ευτυχίας, ενώ αποτελεί ένα ανθρώπινο δημιούργημα, μια ιστορική και πολιτισμική κατασκευή, τελικά αυτονομήθηκε από τον δημιουργό της κι επιστρέφει για να τον ελέγξει και να τον βλάψει. Όπως ακριβώς στις ταινίες επιστημονικής φαντασίας των 80's και 90's, οι μηχανές που άνθρωποι δημιούργησαν στρέφονται εναντίον της ανθρωπότητας, μιας ανθρωπότητας που πλέον δεν έχει ψυχή για να αντισταθεί.

Ποιες είναι οι συνέπειες αυτής της φαυλότητας: Πρώτον, η φαντασίωση της ευτυχίας περιορίζεται σε μια εικονική χαρά, σε μια καινοφανή οπτική πληροφορία χωρίς τη βιωματική σύνδεση με την ανθρώπινη εμπειρία που λανθάνει. Έτσι απειλείται η αυθεντική σχέση με τα συναισθήματα η οποία μπορεί να οδηγήσει στην αλήθεια και την πληρότη-

τα. Δεύτερον, τα αρνητικά συναισθήματα ποινικοποιού-
νται, θεωρούνται σχεδόν πρόβλημα ή διαταραχή. Τρίτον, η
ποινικοποίηση των συναισθημάτων οδηγεί σε άρνηση της
πραγματικότητας και αποφυγή των δυσκολιών της ζωής. Οι
άνθρωποι αποσυνδέουν το ατομικό συναίσθημα από την
πραγματικότητα εντός της οποίας το βιώνουν, θεωρούν ως
πρόβλημα μόνο το αρνητικό συναίσθημα κι όχι το πλαίσιο
που το παράγει, κι έτσι αδυνατούν να αποφασίσουν τι έχουν
ανάγκη να αλλάξουν στη ζωή τους. Τέταρτον, η αναζήτηση
εύκολων συνταγών αναστέλλει την καλλιέργεια δεξιοτή-
των, αναγκαίων για την επιβίωση και την ανάπτυξη του αν-
θρώπου. Πέμπτον, το άτομο, περιχαρακωμένο στον εαυτό
του και περικυκλωμένο από τη συλλογική προσδοκία για
επιτυχία, αποκόπτεται από τον πολιτισμό του, αδιαφορεί
για τον εξωτερικό κόσμο, συνδιαλέγεται αυτο-αναφορικά
με τον εαυτό του κι όχι με τον άλλον, σαμποτάροντας τους
διαπροσωπικούς δεσμούς και τις κοινότητες.

Κλείνοντας αυτή την ενότητα, θέλω να αναδείξω μια
ακόμη καλά κρυμμένη παγίδα. Συχνά, οι υποψήφιοι ευ-
τυχισμένοι καλούνται να ενσταλάξουν στην επιδίωξη της
ευτυχίας αξίες και ιδανικά, δίνοντας νόημα σε στόχους και
προσδοκίες τους. Ενώ η επεξεργασία των αξιών θα μπο-
ρούσε να οδηγήσει στη διάσπαση του φαύλου κύκλου, πε-
ρίτεχνα, η χρήση τους νομιμοποιεί και διατηρεί τη φαυλό-
τητα. Παραθέτω ένα σύνηθες παράδειγμα. Επιτρέψτε μου
να χρησιμοποιήσω τα στερεότυπα που τόσο εκτιμώ, για
να δείξω μέσα από αυτά τι εννοώ. Ας σκεφτούμε μια οικο-
γένεια, δύο γονείς και δύο παιδιά. Οι γονείς ήδη πριν από
τον γάμο τους εργάζονταν σκληρά, σχεδόν τα δύο τρίτα
του χρόνου τους ήταν αφιερωμένα στην εργασία με σκοπό
την επιτυχία και την *απόκτηση* (έχει σημασία που δεν επι-
λέγω τη λέξη *δημιουργία)* μιας ευτυχισμένης οικογένειας.
Η οικογένεια ως ιδέα ήταν πάντοτε μια αξία για εκείνους,

είχε ταυτιστεί με τη χαρά και την ευτυχία, είχε την ευθύνη της συναισθηματικής ευεξίας και φάνταζε ένα περιβάλλον αποδοχής και αγάπης, χωρίς προβλήματα. Μετά την απόκτηση της οικογένειάς τους, αύξησαν τις επαγγελματικές τους δραστηριότητες για να διατηρήσουν μια ζωή χωρίς προβλήματα. Η εντατική και σχεδόν υπερβολική ενασχόληση με την επαγγελματική επιτυχία έχει φέρει σήμερα την οικογένεια στο όριο της διάσπασης. Μπορεί να μένουν μαζί αλλά δεν έχουν ουσιαστικούς δεσμούς, τόσο μεταξύ τους όσο και με τα παιδιά. Σε μια στιγμή έντονης δυσφορίας, εξουθένωσης και προβληματισμού, έθεσαν το ερώτημα: *τι νόημα έχει όλη αυτή η πίεση και η προσπάθεια για επαγγελματική επιτυχία;* Κι εδώ λειτούργησε η παγίδα. Η απάντηση περιλάμβανε αφενός την ικανοποίηση που νιώθουν οι ίδιοι από τη διάκριση στον επαγγελματικό στίβο (ατομικισμός), αφετέρου την απόκτηση μιας άνετης κι ευτυχισμένης ζωής για την οικογένειά τους (εικονικότητα). Απαντούν: *Εργάζομαι γιατί στο τέλος της ημέρας η οικογένειά μου κερδίζει τη ζωή και το μέλλον της.* Δεν αναγνωρίζουν (άρνηση) την κατάσταση απειλής και διάλυσης που βιώνει η οικογένειά τους, αποφεύγοντας να την συσχετίσουν με τα αρνητικά συναισθήματα που νιώθουν. *Αφού έχω οικογένεια και καλό σπίτι, αφού εργάζομαι τόσο σκληρά για την οικογένειά μου, τότε θα αξίζω να είμαι ευτυχής,* συνεχίζουν, αδιαφορώντας φυσικά για την ποιότητα των σχέσεων, τις ανάγκες του άλλου, παγιδευμένοι σε μια οικογένεια εικονικής πραγματικότητας. Ξεπερνώντας τα όρια της αντοχής της, δεν θα υπάρχει η οικογένεια για την οποία εργάζονται, καθώς βυθίζονται στο αυτο-τυφλωτικό κυνήγι της ευτυχίας πιστεύοντας ότι έτσι συνδέονται μεταξύ τους. Κοντολογίς, η πλήρης αντίφαση, η επιδίωξη της ευτυχίας δεν φθάνει να «κάνει νόημα», αλλά θα πρέπει αυτό το νόημα και οι αξίες που περιλαμβάνει να ενώνουν και όχι να χωρίζουν, εκτοξεύοντας στα άκρα την ατομικότητα και τη διαφοροποίηση.

Σύμφωνα με τον εισηγητή της Θετικής Ψυχολογίας, η ευτυχία βρίσκεται σε μια ζωή γεμάτη νόημα (Seligman, 2004) και σχέσεις· ωστόσο πρώτον, είναι σημαντικό να οριστεί επακριβώς το νόημα αυτό και να κατανοηθεί η λειτουργία του στη ζωή των ανθρώπων. Δεύτερον, ομοίως με την ευτυχία, οι σχέσεις παρουσιάζονται ως ατομικό επίτευγμα του αυτόνομου υποκειμένου. Εξ ορισμού, η σχέση χρειάζεται τον χρόνο και την υπεύθυνη στάση τουλάχιστον δύο. Η αναζήτηση της ευτυχίας οφείλει να οδηγεί στην υπέρβαση της φαυλότητας, την αμφισβήτηση του κυρίαρχου μοντέλου και τον επαναπροσδιορισμό των στόχων.

Η αναζήτηση της ευτυχίας ως μια επαναστατική πράξη αυτογνωσίας και σύνδεσης

Αν και η κατάκτηση της ευτυχίας στον δυτικό κόσμο αποτελεί ένα σύγχρονο στοίχημα τόσο στην ακαδημαϊκή έρευνα όσο και στην πραγματική ζωή, η *αναζήτησή της* ως συνειδητή απόφαση και πράξη φαίνεται να είναι πιο σημαντική. Κι αυτό διότι μπορεί υπό συνθήκες να αποτελέσει μια ευκαιρία για αναστοχασμό, αναθεώρηση και αλλαγή.

Η ευτυχία δεν μπορεί να μετρηθεί αντικειμενικά υπό τη μορφή μιας ιατρικής εξέτασης, δηλαδή μιας ψυχικής ακτινογραφίας, ώστε να αποφανθεί ένας ειδικός αν μέσα μας κατοικεί η ευτυχία ή όχι. Δεν υπάρχει η δυνατότητα να μετρηθεί η ικανοποίηση από τη ζωή εξωτερικά χωρίς την ουσιαστική εμπλοκή του καθενός. Φανταστείτε έναν απρόσωπο, δηλαδή χωρίς ηθική κι ενσυναίσθηση, εξωτερικό μετρητή, να αποφασίζει ποια είναι η ιδανική ζωή για εσάς. Ο άνθρωπος δεν *μετρά* πόσες χαρές έχει για να τις αθροίσει και να συμπεράνει αν είναι ευτυχισμένος, αλλά *αξιολογεί* τα ποιοτικά στοιχεία της ύπαρξής του για να κατανοήσει ποιος είναι, ποια τα συναισθήματα και η ζωή του. Η *αξιολό-γηση* λοιπόν, είναι μια διαδικασία που μελετά τις σημασίες και τις ποιότητες, με άλλα λόγια την αρετή. Η διαδικασία αυτή μπορεί να οδηγήσει σε ένα νέο αφήγημα για τον εαυτό, τον άλλον, τον πολιτισμό, αποτελεί μια ενδοσκοπική πράξη αυτογνωσίας, αναζήτησης της αλήθειας μέσα από την οποία ανακτάται ο έλεγχος των κοινωνικών προσδοκιών. Πρόκειται για μια πορεία ανάμεσα στις χαρές και τις λύπες που οδηγεί στην απόκτηση νοήματος, ξεδιπλώνει και αναδιαμορφώνει την προσωπικότητα και την πολυπλοκότητα του ατόμου. Όπως έγραψε χαρακτηριστικά η Sissela Bok, *πες μου πώς ορίζεις την ευτυχία, για να σου πω ποιος είσαι* (Bok, 2010, στο Walker & Kavedžija, 2015). Η αναζήτηση της ευτυχίας δεν είναι μια φυσική συνέχεια μετά την υπέρβαση των προβλημάτων και την αποκατάσταση, αλλά μια εκ νέου, άλλη, διαφορετική ανάγνωση του εαυτού και του κόσμου, που περιλαμβάνει τα αρνητικά στοιχεία και τα προβλήματά του.

Εδώ εστιάζω την αναζήτηση της ευτυχίας στον κόσμο του κάθε ανθρώπου, εκεί που ακόμη μπορεί και ζει αυτόνομα, στις μικρής-κλίμακας-ομάδες και τις πραγματικότητες που διαμορφώνουν. Δηλαδή σε εκείνη τη ζωή που έχει κανείς αυξημένες πιθανότητες να ελέγξει: στον εαυτό και τους κοντινούς άλλους. Αυτό το μικροσύστημα μπορεί ως έναν βαθμό να ανασκευαστεί, να αποκτήσει δυναμική και να αλλάξει τα δεδομένα. Απέναντι στον κίνδυνο του ατομικισμού και της φαυλότητας θα λειτουργήσουν αντισταθμιστικά οι πολιτισμικές, υπερβατικές αξίες που *ενώνουν* τον εαυτό με τον άλλον. Κι αναφέρομαι στον πολιτισμό ως ένα σύστημα συμβόλων, δηλαδή νοημάτων, ποιοτήτων και σημασιών που διαμορφώνουν τον ιστό της πραγματικότητας, και είναι ταυτόχρονα τόσο υποκειμενικός όσο και δημόσιος (Geertz, 2003). Οι αξίες και οι σημασίες παράγονται και αναπαράγονται μέσα από τις σχέσεις των ανθρώπων και είναι σχετικά σταθερές μέχρι να αλλάξουν. Ο πολιτισμός, με τις αρνητικές και θετικές πτυχές του, αποτελεί μια τεράστια αποθήκη γνώσης και σοφίας για τη ζωή, τη φυσική και συναισθηματική επιβίωση των ανθρώπων, και περιλαμβάνει μια σειρά από δομές και πρακτικές που μεταφέρει από γενιά σε γενιά (Rush, 1996; 1999). Ενσωματώνεται στη συμπεριφορά των ανθρώπων, μαθαίνει στους γονείς πώς να είναι γονείς χωρίς να γραφτούν σε σχολές, στους συνανθρώπους την έννοια της φιλίας, της αγάπης, της εξάρτησης και της αυτονομίας, το αποδεκτό και μη αποδεκτό. Σήμερα, που ο πολιτισμός έχει χάσει αυτή τη βασική λειτουργία της δια-γενεαλογικής σύνδεσης, ο άνθρωπος έχει απωλέσει ένα θεμελιώδες πλαίσιο αναφοράς, είναι ουσιαστικά απροστάτευτος. Έτσι, στην πραγματικότητα, καλώ τον αναγνώστη να αναζητήσει τον πολιτισμό του, να τον εντοπίσει, να τον μελετήσει και να γίνει μέρος του, επιλέγοντας συνειδητά τι αναπαράγει και τι αλλάζει.

Με αφετηρία το ερμηνευτικό σχήμα των Walker & Kavedžija (2015) και με ουσία την αριστοτελική σκέψη, η *αναζήτηση* της ευτυχίας μπορεί να δομηθεί στους εξής άξονες: του σκοπού, της υπευθυνότητας και του περιεχομένου.

Η ευτυχία ως σκοπός, λοιπόν, και τέλος, δεν πρέπει να γίνεται αντιληπτή ως χρονική μετατόπιση της ικανοποίησης σε ένα μέλλον στο οποίο θα κριθεί αν είμαι ευτυχισμένος ή όχι. Η αναζήτηση της ευτυχίας είναι μια διαρκής πηγή νοήματος στο παρόν, είναι το πρίσμα, το προσδοκώμενο μέλλον που ορίζει και αλλάζει τον τρόπο που σκέφτομαι και δρω στο ψυχολογικό μου τώρα. Η αναζήτηση της ευτυχίας ως εσωτερική αξιολόγηση είναι μια καθημερινή πράξη, βρίσκεται μέσα σε κάθε επιλογή και κάθε απόφαση που λαμβάνεται. Ο σκοπός της ευτυχίας, και συγκεκριμένα της ίδιας της αναζήτησής της, είναι να διαμορφώσει μια κριτική στάση απέναντι στη ζωή, τις χαρές και τις λύπες της, να αμφισβητήσει τα κοινωνικά πρότυπα περί ευτυχίας και δυστυχίας, να αναθεωρήσει τις αξίες και τις ιδέες πάνω στις οποίες οργανώνεται ο κόσμος του κάθε ανθρώπου και, υπό αυτή την έννοια, να αποτελέσει μια επαναστατική πράξη αυτογνωσίας και αλλαγής.

Η υπευθυνότητα προσδιορίζει την αφετηρία αυτής της αναζήτησης και αποτελεί απάντηση στον ακραίο ατομικισμό. Η συναισθηματική υπευθυνότητα είναι μία κατάσταση κατά την οποία ο άνθρωπος αναλαμβάνει *μέσα στη σχέση* την ιδιοκτησία των συναισθημάτων του κι έτσι αναπτύσσει ενεργό ρόλο, ρόλο ευθύνης, αποφάσεων και πράξεων (Rush, 1999). Για παράδειγμα, ο συναισθηματικά εξαρτημένος άνθρωπος είναι παθητικός δέκτης ψυχικών καταστάσεων, καταναλώνει την ευτυχία υπό τη μορφή της χαράς, δεν κατακτά τα συναισθήματά του και λειτουργεί ως ετερόφωτος πλανήτης που, μακριά από τον ήλιο, σύντομα θα παγώσει και θα χάσει τη δυνατότητα να φιλοξενεί ζωή. Ο συναισθηματικά υπεύθυνος άνθρωπος, ωστόσο, αναλαμβάνει δράση, γνωρίζει ότι το συναίσθημα που νιώθει είναι δικό του και παρεμβαίνει στο πλαίσιο στο οποίο ζει, από κοινού με τον άλλον, για να διαμορφώσει συνθήκες ευτυχίας και σύνδεσης. Η έννοια της υπευθυνότητας λοιπόν στρέφει την προσοχή αρχικά στον εαυτό, ενδοσκοπικά, αλλά τον αντιλαμβάνεται ως αναπόσπαστο κομμάτι της σχέσης με τον άλλον. Η υπευθυνότητα της ευτυχίας είναι μια ατομική πράξη που αναιρεί την ατομικότητά της, καθώς συνειδητά την τοποθετεί εντός συστημάτων σχέσεων, εντός του πολιτισμού.

Το περιεχόμενο της ευτυχίας, που αποτελεί ένα από τα πιο κρίσιμα ερωτήματα στη συζήτηση αυτή, προσδιορίζεται από αυτά που ονομάζουμε *αξίες* και *συναισθήματα*. Τι σημαίνουν όμως αυτές οι λέξεις; Πολύ σύντομα, οι αξίες είναι ιδέες που μοιράζονται οι άνθρωποι μεταξύ τους, αφαιρετικές έννοιες που υπερβαίνουν τα πρόσωπα, τις επιμέρους καταστάσεις και προσδιορίζουν το σωστό, το λάθος, το σημαντικό, το ασήμαντο, τις προτεραιότητες και γενικά την ηθική και το περιεχόμενό της σε συλλογικό και ατομικό επίπεδο. Οι αξίες λειτουργούν ως πυξίδα, επηρεάζουν τις άμεσες, βαθύτερες, σχεδόν ασυνείδητες αντιδράσεις μας στα καθημερινά ερεθίσματα, τις κρίσεις και τις αποφάσεις μας (Oyserman, 2015). Οι αξίες ορίζουν αυτό που θεωρείται «φυσικό» στην κοινωνική πραγματικότητα, τόσο φυσικό όσο το «πάνω» και το «κάτω» στον ορίζοντα. Ζουν συνδεδεμένες η μία με την άλλη μέσα σε συστήματα αξιών, κατασκευάζουν προσδοκίες, γίνονται νόρμες και το πρίσμα μέσα από το οποίο βλέπουμε τον κόσμο (Hulmet, 2015). Τα βασικά ανθρώπινα συναισθήματα είναι οχτώ: ο φόβος, ο θυμός, η ντροπή (συχνά συνδέεται με τον φόβο απόρριψης), η αποστροφή, η θλίψη, η αγάπη, η οποία συνδέεται άμεσα με την εμπιστοσύνη, η ευχαρίστηση, η οποία συνδέεται άμεσα με τον ενθουσιασμό και τη διέγερση. Τέλος, το δέος, το συναίσθημα που αφορά σε αυτό που πρόκειται να συμβεί, ερμηνεύοντας τη δυναμική μιας κατάστασης, και μπορεί να συνδεθεί με τον τρόμο. Τα συναισθήματα (emotions) αποτελούν την πρωτογενή πηγή ενέργειας και κινητοποίησης (e-motions), ενώ τα αισθήματα (feelings) είναι συνθέσεις των βασικών συναισθημάτων και προκύπτουν συνήθως μέσα από τη συνειδητή επεξεργασία κι ερμηνεία της κάθε κατάστασης που βιώνει το άτομο (Brown & Brown, 2012). Όλα τα ανθρώπινα συναισθήματα είναι φυσιολογικά, δεν αποτελούν πρόβλημα από μόνα τους, είναι ερμηνείες και συστατικά της ίδιας της ζωής.

Ο πολιτισμικά ορφανός άνθρωπος, υιοθετημένος από

το σύγχρονο, δυτικό μοντέλο περί ευτυχίας, θα πρέπει να αναζητήσει αλλού τις πυρηνικές, καθοριστικές του αξίες, τα συναισθήματα και το νόημά τους. Να αναιρέσει τις βεβαιότητες που του επιβάλλονται ως φυσικές και να κοιτάξει εγκάρσια μέσα στον χρόνο και τον χώρο του. Η ευτυχία μπορεί να αναζητηθεί παντού, σε χάπια, νόμιμα ή παράνομα, στο ατέλειωτο γέλιο, σε μια άλλη χώρα, στην τηλεόραση, στο τραπέζι ενός πλαστικού χειρουργού, στους ανθρώπους, στις σχέσεις, στο αύριο, στον εαυτό. Η *αναζήτησή της* ωστόσο, ως συνειδητή πράξη θα βάλει μία τάξη στο σωστό, το λάθος και τις ανάγκες.

Ο Αριστοτέλης προσέγγισε την ευτυχία μέσα από την έννοια της ευδαιμονίας, δηλαδή να ζήσει κανείς μια ζωή με αρετή, κι όπου αρετή η μεσότητα, η αρμονία και η ισορροπία ανάμεσα στην έλλειψη και την υπερβολή, καθώς η έλλειψη και η υπερβολή φθείρουν. Μετατοπίζοντας την προσοχή από το επίπεδο του ατομικού σε εκείνο της σχέσης, τότε η ίδια η «σχέση» κι ο «άλλος» γίνονται *αξία* στη ζωή και η ευτυχία συνυφαίνεται ως κάτι που κατοικεί στο *ανάμεσα*. Έτσι, ακυρώνονται ο ανταγωνισμός και η ποσοτικοποίηση και τη θέση τους λαμβάνει το βίωμα, η *σύνδεση και η αρμονία*. Η σύνδεση με αξίες που υπερβαίνουν τα πρόσωπα δημιουργεί σχέσεις και δεσμούς με τα πρόσωπα.

Αντί για συνταγές κι έτοιμες λύσεις, καλώ τον αναγνώστη να ερευνήσει, να αναρωτηθεί και, μέσα από τις αξίες που θα αποκαλυφθούν σε τούτη την ατέλειωτη βιβλιοθήκη του πολιτισμού, να δώσει νόημα στις σχέσεις και την ταυτότητά του. Η *αναζήτηση της ευτυχίας* ως εγκάρσιο ταξίδι στον χρόνο οφείλει να περιλαμβάνει στον διάλογο τις προηγούμενες γενιές, ώστε να κατανοηθεί η πορεία: *ποιες σχέσεις με παρήγαγαν, τι αναπαράγω και ποιες σχέσεις παράγω στο τώρα, για το μετά.* Έτσι, ο σκοπός της ευδαιμονίας ως προσδοκώμενο μέλλον που επηρεάζει το τώρα παντρεύεται με το παρελθόν, δημιουργώντας τη δυναμική του παρόντος. Ο αυτόνομος άνθρωπος δεν αποτελεί ατομικότητα· αντίθετα, είναι εκείνος που γνωρίζει πώς να συνδέεται, συνειδητά, να διαμορφώνει κοινωνικές συνθήκες, πραγματικότητες και σχέσεις που ενισχύουν την ανάπτυξη και την εξέλιξη.

Η εμπειρία όλων των ανθρώπινων συναισθημάτων κι αισθημάτων μπορεί να οδηγήσει στην πληρότητα, άρα και την αυτάρκεια. Για τον Αριστοτέλη, τα συναισθήματα της ευτυχίας και της ευδαιμονίας είναι εκείνα που συνδέονται αρμονικά με την πραγματικότητα, βιώνονται στην ένταση που αρμόζει στην κάθε κατάσταση, συντονίζονται με τα κίνητρα των ανθρώπων κι εκφράζονται προς τα πρόσωπα που πρέπει, με τον τρόπο που πρέπει. Κι αυτό είναι ένδειξη αρετής. Με άλλα λόγια, ευτυχία δεν σημαίνει κανείς να επιδιώκει τη χαρά, μα να λυπάται για αυτά που αξίζει να λυπηθεί και να χαίρεται για αυτά που αξίζει να χαρεί. Οι Tamir, Schwartz και Kim (2017) εξέτασαν την αριστοτελική οπτική για την ευτυχία και τα συναισθήματά της, αμφισβητώντας το κυρίαρχο μοντέλο που στοχεύει στην ποσοτική αύξηση της χαράς. Διερεύνησαν, ακολουθώντας τις μεθόδους της δυτικής επιστήμης, αν για τους πραγματικούς ανθρώπους ευτυχία είναι η επιδίωξη της ευχαρίστησης και της χαράς ή η εμπειρία των «σωστών» συναισθημάτων για κάθε περίσταση. Τα «σωστά» συναισθήματα είναι εκείνα που περιγράφει ο Αριστοτέλης και παρουσίασα παραπάνω. Μελέτησαν 2.834 αυτόχθονες πολίτες από 8 χώρες (ΗΠΑ, Βραζιλία, Γερμανία, Γκάνα, Ισραήλ, Σιγκαπούρη, Πολωνία) καλύπτοντας ένα μεγάλο πολιτισμικό εύρος. Τα αποτελέσματα της έρευνάς τους επιβεβαιώνουν την αριστοτελική θεώρηση· οι πιο ευτυχισμένοι άνθρωποι είναι εκείνοι που βιώνουν πιο συχνά τα επιθυμητά κατά περίσταση συναισθήματα, εκείνα που συνδέονται αρμονικά με πρόσωπα και καταστάσεις, ανεξάρτητα από το αν είναι ευχάριστα ή όχι. Υπό αυτή την έννοια, λοιπόν, το μυστικό της ευτυχίας είναι η επιδίωξη της μεσότητας, να γνωρίζεις πότε *αξίζει* να λυπάσαι και πότε να ευχαριστιέσαι, κι όχι της χαράς.

Η ευτυχία που δομείται στους άξονες που παρουσίασα παραπάνω αποτελεί έναν κόσμο έργου, δράσης, παρέμβασης και αλλαγής. Συχνά, οι άνθρωποι επιζητούν να αλλάξουν τα αρνητικά τους συναισθήματα χωρίς να αλλάξουν τη ζωή τους, δηλαδή χωρίς να ασχοληθούν με τις συνθήκες και τις σχέσεις που παράγουν τη δυσφορία τους. Ο αριστοτελικά ενημερωμένος ενήλικας, ωστόσο, δεν ποινικοποιεί τη δυσφορία του, δεν αποφεύγει την πραγματικότητα, κατανοεί την κατάσταση και τα πρόσωπα με τα οποία τη βιώνει και απαντά επί της ουσίας. Καθώς ζει και συνδέεται, τα συναισθήματα και οι σκέψεις εκφράζονται αυθεντικά, ενσωματώνονται σε συμπεριφορές, μοιράζονται και μεταβολίζονται. Αυτό οδηγεί σε δράσεις και πράξεις, δηλαδή στην ενεργητική εμπλοκή συγκατασκευής και αλλαγής της πραγματικότητας. Όποιος αναζητά απλώς τη χαρά ή αποστρέφεται τη λύπη, χάνει το νόημα και απορρίπτει την πληρότητα.

Επίλογος: Οι χαρές και οι λύπες της ευτυχίας

Η επιδίωξη της ευτυχίας δεν είναι εξ ορισμού κάτι θετικό, η νεότερη ιστορία της είναι μάλλον μια λυπηρή ιστορία. Περιλαμβάνει την ποπ κουλτούρα, τις αξίες της αγοράς, τη βιομηχανική παραγωγή συνταγών, ψυχοφαρμάκων, κι έναν αντικοινωνικό, σχεδόν απάνθρωπο, κανονιστικό λόγο. Εντούτοις, αν αντί να επιδιώξει κανείς την ευτυχία ξεκινήσει μια αυθεντική αναζήτησή της, ενδέχεται να πέσει πάνω στις χαρές της. Η αμφισβήτηση του κυρίαρχου δυτικού μοντέλου μπορεί να αποτελέσει την ευκαιρία για μια βαθύτερα υποκειμενική, επαναστατική πράξη αυτογνωσίας και μετατόπισης της εστίασης σε αξίες που ενώνουν, στη σχέση, τον πολιτισμό και την ανθρωπότητα.

Την ευτυχία θα τη συναντάς πρόσωπο με πρόσωπο κάθε φορά που θυμάσαι γιατί ξεκίνησες να την αναζητάς, λίγο μετά τις χαρές και τις λύπες της ζωής, πίσω από τα πρόσωπα εκείνων που τις μοιράζεσαι.

Αναφορές

Αριστοτέλης, ΑΠΑΝΤΑ, Τόμος 4, *Μεγάλα Ηθικά, Οικονομικός, Περί αρετών και κακιών.* Οδ. Χατζόπουλος, Εκδόσεις Κάκτος.

Τόμος 7 – 9, *Ηθικά Νικομάχεια.* Οδ. Χατζόπουλος, Εκδόσεις Κάκτος.

Bok, S. (2010). *Exploring happiness: From Aristotle to brain science.* New Haven, CT: Yale University Press.

Brown, P., Brown, V., (2012). *Neuropsychology for Coaches. Understanding the basics.* Open University Press.

Bynum, B. (2000). "Discarded Diagnoses". The Lancet, *Volume 356, Issue 9241, 1615.*

Davies, W. (2016). The Happiness Industry: How the Government and Big Business Sold Us Well-Being. *Verso.*

Fredrickson, B. (2010). *Positivity: Top-Notch Research Reveals the 3 to 1 Ratio That Will Change Your Life.* Harmony Books.

Kitayama, S., & Markus, H. R. (2000). "The pursuit of happiness and the realization of sympathy: Cultural patterns of self, social relations, and well-being". E. Diener & E. M. Suh (Eds.), *Culture and subjective well-being.* Cambridge, MA: MIT Press.

Μος Μαρσέλ (1925). *Το δώρο. Μορφές και Λειτουργίες της Ανταλλαγής στις Αρχαϊκές Κοινωνίες.* Παραδέλλης Θ., (επιμ)., Σταμματοπούλου – Παραδέλλη Α., (μτφ). Εκδόσεις Καστανιώτη, Αθήνα 1979.

Miles-Watson, J., (2011). "Ethnographic insight into happiness". Στο Atherton J., Graham E., Steedman I., (ed). *Practices of Happiness. Political Economy, Religion & Well-being.* Routledge.

Mackay, H. (2013). *The Good Life.* Macmillan, Australia.

Oyserman, D., (2015). "Values, Psychology of". Στο James D. Wright (editor-in-chief), *International Encyclopedia of the Social & Behavioral Sciences*, 2nd edition, Vol 25. Oxford: Elsevier. pp. 36–40.

Πετράς Χ. (2015). *Η Τέχνη του Coaching, Εισαγωγή στην θεωρία & πρακτική της Coaching Ψυχολογίας*. Εκδόσεις iWrite.

Rush, J., (1996). *Clinical Anthropology: An Application of Anthropological Concepts within Clinical Settings*. Praeger Publishers, USA.

(1999). *Stress & Emotional Health: Applications of Clinical Anthropology*. Auburn House USA.

Seligman M., (2004). *Authentic Happiness: Using the New Positive Psychology to Realize Your Potential for Lasting Fulfillment*. Atria Books.

Stearns P., (2012). "The History of Happiness". *Harvard Business Review* 90(1-2):104-9, 153.

Tamir, M., Schwartz, S. H., Oishi, S., & Kim, M. Y. (2017). "The secret to happiness: Feeling good or feeling right?" Journal of Experimental Psychology: General, 146(10), 1448-1459.

Helmut T., (2015) "Values, Sociology of". Στο James D. Wright (Ed.), *International Encyclopedia of the Social and Behavioral Sciences,* 2nd edition, Vol. 25. Oxford: Elsevier, S. 47–53.

Uchida Y., Norasakkunkit V., & Kitayama S., (2004). "Cultural Constructions of Happiness: Theory and Empirical evidence". *Journal of Happiness Studies* 5: 223–239.

Veenhoven, R. (2012). Cross-national differences in happiness: Cultural measurement bias or effect of culture? International Journal of Wellbeing, 2(4), 333-353.

Wali, A. (2012). "A Different Measure of Well-being". Vital

Topic Forum, On Happiness. *American Anthropologist* Vol. 114, No. 1, pp. 6–18, online ISSN 1548-1433

Walker H., Kavedžija I., (2015). "Values of Happiness". *Journal of Ethnographic Theory,* 5 (3). 1-23.

Βιογραφικό

Ο Χαράλαμπος Πετράς σπούδασε Ανθρωπολογία, Ιστορία και Ψυχολογία στην Ελλάδα και το εξωτερικό. Έχει εκπαιδευτεί στην Οικογενειακή Θεραπεία Συστημικής Προσέγγισης, την Ψυχοκοινωνική Υποστήριξη ψυχιατρικών ασθενών, τη Θεραπεία Ψυχικού Τραύματος με τη μέθοδο EMDR, το Health, Executive, Performance & Team Coaching. Είναι διευθυντής του Athens Coaching Institute και διατηρεί νόμιμο γραφείο Ψυχολόγου όπου εργάζεται με ενήλικες σε ατομικές συνεδρίες Ψυχοθεραπείας και Ενδυνάμωσης. Έχει διατελέσει συνεργάτης του Εθνικού Ιδρύματος Ερευνών, της Ψυχιατρικής Κλινικής του 414 Στρατιωτικού Νοσοκομείου Ειδικών Νοσημάτων κι έχει συνεργαστεί με πολυεθνικούς οργανισμούς, υπηρεσίες κι επιχειρήσεις. Είναι Γραμματέας της EMDR-Hellas, Country Advisor της διεθνούς ομάδας έρευνας του European Mentoring & Coaching Council, πλήρες μέλος του International Society for Coaching Psychology κι εγγεγραμμένος practitioner του European Lifestyle Medicine Organization και του Complementary Medical Association.

Η ευτυχία
της κενοτοπίας

γράφει ο
Τριαντάφυλλος Σερμέτης

Η ανάληψη της ευθύνης, προκειμένου να διαφωτίσει κανείς το ζήτημα του ευδαίμονα βίου, ενέχει μεγάλο βαθμό δυσκολίας, καθώς το πρόβλημα έχει τεθεί πολλάκις στο παρελθόν κι έχουν διατυπωθεί διάφορες σκέψεις σε πολλαπλά επίπεδα. Η απόπειρα εξερεύνησης της ιδέας της ευτυχίας είναι τόσο παλαιά, ακαθόριστη, εκφυλισμένη, δηλητηριασμένη, εν τέλει, εκπορνευμένη, που αρκετοί θα ήθελαν να την αποβάλουν από το λεξιλόγιό τους. Υπάρχουν τόσα είδη ευτυχίας, που οι θεωρίες τους τελικά δεν είναι τίποτε άλλο παρά οι σκέψεις των ίδιων των δημιουργών αυτών των θεωριών. Το ερώτημα που τίθεται λοιπόν μετά επιτάσεως είναι για ποιον λόγο η ανθρωπότητα να επιδιώκει την ευτυχία. Με ποιον τρόπο εγγίζει κανείς την ευτυχία; Οπωσδήποτε η επιδίωξη της ηδονής και η αποφυγή του πόνου και του αρνητικού συναισθήματος είναι τα στοιχεία εκείνα που ο άνθρωπος θα ήθελε. Στην εξωτερική πραγματικότητα, ο άνθρωπος επιχειρεί να έχει ως αρχή την ηδονή, ερχόμενος σε αντίθεση με το περιρρέον περιβάλλον του, κοντινό κι ευρύτερο. Επειδή όμως, εκ προοιμίου, από τη στιγμή που το μη ον περνά στο ον, εν χρόνω, και είναι καταδικασμένος ο άνθρωπος στη φθαρτότητα, εξαναγκάζεται να αποδεχθεί αυτή την πραγματικότητα. Ένας βασικός τρόπος αναζήτησης της ευτυχίας είναι η απομόνωση, που αποτελεί εκούσια συμπεριφορά, προκειμένου να αποφύγει την τριβή στις σχέσεις με τους άλλους ανθρώπους και, κατά συνέπεια, τον πόνο. Εδώ, σε αυτό το σημείο, μπορεί κανείς να δει ευδιάκριτα την αρχή του ατομισμού και της περιχαράκωσης του ατόμου στον εαυτό του. Το ζήτημα που τέθηκε από τον Ευρωπαϊκό Διαφωτισμό όσον αφορά στις ατομικές ελευθερίες και στα ατομικά δικαιώματα είναι προς έρευνα, κατά πόσο θεωρούνται τελικά πολιτισμική πρόοδος ή, στην πραγματικότητα, αποτελούν οπισθοδρόμηση· διότι στο όνομα των ατομικών ελευθεριών και δικαιωμάτων έχουν διαπραχθεί τα χειρότερα εγκλήματα κατά τον 20ό αιώνα. Ταυτόχρονα, μπορούμε να επισημάνουμε ενδεικτικά τη δυνατότητα της εκούσιας εισχώρησης χημικών ουσιών, προκειμένου να εξαλειφθεί ο πόνος.

Στη σύγχρονη εποχή η ευτυχία είναι επιταγή, η οποία έχει καταντήσει προσταγή που πλέον τρομοκρατεί. Έχει καταντήσει ένα αναγκαστικό φορτίο, καθώς η αποτυχία θεωρείται στίγμα ενώ η ευτυχία καθήκον. Η ευτυχία έχει ταυτιστεί με την απελευθέρωση του ανθρώπου. Όλη αυτή η κυρίαρχη ιδέα που επικρατεί δεν είναι τίποτε άλλο παρά μια δυστυχία, διότι πλέον αποτελεί υποχρέωση του ανθρώπου να είναι ευτυχισμένος. Η δυστυχία θα πρέπει να αφανιστεί. Για αυτόν τον λόγο ο θάνατος αποκρύβεται κι ο άνθρωπος απαγορεύεται να συλλογίζεται και να αγωνιά για αυτόν. Επαναστατικές θεωρίες στις δεκαετίες του '60 και του '70 θεωρούσαν τον θάνατο ασήμαντο ενώπιον του σοσιαλιστικού παραδείσου που υπόσχονταν. Αργότερα, οι φιλελεύθερες δημοκρατίες κράτησαν την ίδια στάση απέναντι στον θάνατο, υποσχόμενες ότι με τις μεταρρυθμίσεις οι άνθρωποι θα ευτυχήσουν. Εκείνοι τελικά που υπόσχονται τον παράδεισο παρέχουν την πιο ασφαλή οδό προς την κόλαση. Όσο οι δυστυχίες αποκρύπτονται, τόσο αυτές ξεφυτρώνουν πολλαπλασιαζόμενες και είναι εκεί παρούσες. Άλλοι φαίνεται ότι είναι οι δρόμοι προς την ευτυχία. Όλα τούτα προκαλούν αναπόδραστη δυσφορία. Αυτό το πλαίσιο, βέβαια, συνδέεται αναπόσπαστα με την ευτυχία στο εξωτερικό πεδίο, δηλαδή στον επαγγελματικό τομέα, στο πεδίο του πλούτου, στον έρωτα, στις αισθήσεις κ.λπ. Όλη η ζωή αξιολογείται με την ευχαρίστηση ή τη δυσαρέσκεια του ανθρώπου. Τι δυστυχία αλήθεια!

Δεν δύναται λοιπόν να καταθέσει κανείς την πρότασή του για το ζήτημα, εάν πρώτιστα δεν το διερευνήσει οντολογικά, με σαφώς υπαρξιακές προεκτάσεις. Διότι, αν παραμείνει κανείς στο πεδίο της φαινομενικότητας, είναι πολύ πιθανόν να περιπέσει σε σοβαρά μεθοδολογικά λάθη και να μην καταφέρει να προσεγγίσει το κέντρο του περιεχομένου του ζητήματος. Προτού όμως προσδιοριστούν η μορφή και το περιεχόμενο της έννοιας της ευτυχίας, κρίνεται σκόπιμο να εξεταστεί λεξιλογικά η σημασία της. Η λέξη συντίθεται από το ευ + τυγχάνω. Το επίρρημα «ευ» σημαίνει πάντα το δίκαιο και καλό, ενώ το αρχαίο ρήμα «τυγχάνω» σημαίνει ότι κάποιος πετυχαίνει τον στόχο του, συναντά κάποιον. Επομένως, η σημασία της λέξης λαμβάνει διαφορετικό περιεχόμενο από εκείνο που πιθανόν έχει επικρατήσει στην τρέχουσα καθημερινότητα. Ευτυχία λοιπόν είναι η επιθυμία να πετύχει κάποιος τον στόχο, που δεν είναι παρά μόνο δίκαιος και καλός. Τα ερωτήματα που προκύπτουν όμως από τη λεξιλογική ανάλυση είναι επείγοντα κι εμφανή. Ποιος είναι ο στόχος και μάλιστα πρέπει να είναι δίκαιος και καλός; Κατά συνέπεια, εισερχόμαστε πάλι στην πρώτη σκέψη, δηλαδή της οντολογικής ανάλυσης, προκειμένου να εισχωρήσουμε στο βάθος της έννοιας της ευτυχίας.

Σύνηθες είναι η ευτυχία να συνδέεται με τις επιθυμίες που εκπληρώνονται στο εξωτερικό πεδίο και για αυτόν τον λόγο να εντυπώνεται η γνώμη ότι η ευτυχία δεν συνίσταται σε ένα συνεχές, αλλά αποτελείται από στιγμές. Υπό αυτό το πρίσμα, αν εξετάσει κανείς την έννοια της ευτυχίας, παραγνωρίζεται η γνωσιολογική αρχή ότι η ίδια η ζωή είναι ευτυχία. Δυστυχισμένη ζωή δεν υφίσταται, καθώς αποτελεί αντιφατική πρόταση, διότι η δυστυχία δεν είναι τίποτε άλλο παρά ο θάνατος. Επομένως, η έκφραση «ευτυχισμένη ζωή» αποτελεί πλεονασμό. Κατά συνέπεια, όντας στη ζωή, θα μπορούσε κανείς να χρησιμοποιήσει για να ερμηνεύσει το συναίσθημα που νιώθει τις έννοιες της ευδαιμονίας ή της ευφορίας ή αντίστροφα της δυσφορίας. Η ευφορία ενέχει το συναίσθημα της ανοικτότητας και του φωτός, ενώ αντίστροφα η δυσφορία ενέχει την κλειστότητα και το σκότος.

Ως εκ τούτου, θα ισχυριζόμουν ότι η δυσφορία συνδέεται με τον πόνο και την απελπισία, αλλά και με την πεζότητα και την ανία. Το ζητούμενο σε αυτό το σημείο είναι πότε και γιατί νιώθει κανείς ευφορία και πότε και γιατί νιώθει δυσφορία. Σημαντικό ρόλο, κατά τη γνώμη μου, διαδραματίζει η αυτονόμηση του χρόνου και η αντικειμενοποίησή του έναντι του εαυτού μας. Η αυτονόμηση του χρόνου παράγει αγωνία. Χρήσιμο είναι για το θέμα μας να μελετήσει κανείς τη σχέση της αγωνίας με τον χρόνο. Η αγωνία είναι πάντοτε αγωνία για κάτι που δεν υπάρχει ακόμη εκεί όπου αυτή κατευθύνεται. Αλλά ταυτόχρονα είναι κάτι σαν επιβράδυνση του χρόνου. Όταν κανείς έχει αγωνία ο χρόνος κυλάει αργά, κι όταν η αγωνία ίσταται στο ύψιστο σημείο ο χρόνος κυλάει πάρα πολύ αργά κι έχει την αίσθηση ότι δεν μπορεί πλέον να κινηθεί. Κι ωστόσο, μπορεί να ισχυριστεί κανείς ότι η στιγμή της αγωνίας είναι ταυτόχρονα μία στιγμή αποφασιστική. Έχουμε λοιπόν δύο μορφές του χρόνου: Ο χωροποιημένος χρόνος, τον οποίο συλλαμβάνουμε με τη νόηση αφηρημένα κι ο οποίος είναι νοθευμένος, και από την άλλη είναι η καθαρή διάρκεια, που συλλαμβάνουμε συγκεκριμένα με το ένστικτο. Η μία κατεύθυνση του χρόνου έχει ως βάση τη χωρική έκταση, όπου διαπερνάται από την πολλαπλότητα, την ποσότητα, τη διαφορά βαθμού, την ασυνέχεια και την τάξη. Η άλλη κατεύθυνση του χρόνου, της διάρκειας, καθορίζεται από τη συστολή, τη συγχώνευση, την ποιοτική διαφορά της φύσης, την εσωτερική οργάνωση και την εσωτερική δυνητική πολλαπλότητα. Ο χωροποιημένος χρόνος αποτελεί αντικείμενο της νόησης του υποκειμένου. Με την τελευταία τέμνουμε τον χρόνο σε επιμέρους ενότητες, χρόνια, μήνες, μέρες, ώρες κ.λπ. Ο αφηρημένος όμως υπολογισμός περισσότερο ενδιαφέρεται για τα φαινόμενα φθοράς οργανισμών. Ο μαθηματικός υπολογισμός του χρόνου εξετάζει μια δεδομένη στιγμή. Ακόμα και αν εξεταστεί από ένα σημείο σε ένα άλλο μελλοντικό σημείο, το μεσοδιάστημα του χρόνου χάνεται, όσο και αν το διαιρέσει κανείς άπειρες φορές.

Επομένως, ο εξωτερικός χρόνος που μετριέται με αυτόν τον τρόπο είναι ένας κόσμος που πεθαίνει και ξαναγεννιέται σε έναν αέναο κύκλο. Έτσι όμως ο χρόνος, καθώς εμφαίνεται στατικός, αποξενώνεται από την ουσία του, είναι πια μια ροή και καταλήγει μια μορφή του χώρου. Με έναν τέτοιο χρόνο όμως είναι αδύνατον να παρασταθεί η εξέλιξη, το χαρακτηριστικό γνώρισμα της ζωής. Η εξέλιξη της δημιουργίας και τα εξελικτικά φαινόμενα εν γένει, που ρέουν ασταμάτητα σε μια κίνηση συνεχή και τα οποία συνιστούν την καθεαυτή ζωή, δεν υπάρχει τρόπος να υπαχθούν σε μαθηματικό υπολογισμό και να μετρηθούν με εξίσωση.

Ο πραγματικός χρόνος λοιπόν είναι η διάρκεια –και ειδικότερα η αληθινή διάρκεια. Το παρελθόν και το παρόν ενός έμβιου όντος συσσωματώνονται σε μια οργανική μνήμη. Αυτά τα δύο συστέλλονται στον εσωτερικό κόσμο. Τα δύο θεμελιώδη χαρακτηριστικά της διάρκειας είναι η συνέχεια και η ετερογένεια. Με βάση αυτή τη συλλογιστική, η διάρκεια δεν είναι απλά μια εμπειρία που βιώνεται από τις εξωτερικές παραστάσεις, αλλά μια διευρυμένη εμπειρία, μια εμπειρία που περιλαμβάνει την κατά συνθήκη εμπειρία. Ο χρόνος αυτός δεν επιμερίζεται, αλλά αποτελεί ένα συνεχές το οποίο, ανάλογα με την ψυχική μας διάθεση, κυλά άλλοτε πιο γρήγορα στη χαρά ή πιο αργά στην αγωνία. Κατά συνέπεια, έχουμε να κάνουμε με ένα διαρκές παρόν, όπου το παρελθόν ενσωματώνεται στο παρόν.

Επομένως, η εξέλιξη είναι μια διάρκεια του παρελθόντος και του παρόντος που λειτουργεί συσταλτικά, δηλαδή ενωτικά. Τις ταλαντώσεις αυτές, οι οποίες αποτελούν το βασικό συστατικό του πραγματικού χρόνου, της διάρκειας, μπορούμε να τις συλλάβουμε όχι με τη νόησή μας, αλλά με την ενόρασή μας κατά τρόπο άμεσο κι ενστικτώδη. Η διάρκεια είναι στην ουσία η Ζωή και είναι κατά αρχήν μνήμη, κατά αρχήν συνείδηση, κατά αρχήν ελευθερία. Το «κατά αρχήν» σημαίνει δυνητικά. Επομένως υπάρχουν τρεις δύσκολα να συμβιβασθούν αναμεταξύ τους σχέσεις της αγωνίας με τον χρόνο. Η πρώτη είναι αυτή που κατευθύνεται προς το μέλλον, η δεύτερη είναι αυτή που κάνει τον χρόνο να βραδυπορεί και η τρίτη είναι αυτή που είναι μία στιγμή. Το αποτέλεσμα λοιπόν είναι, αντιλαμβανόμενος ο άνθρωπος μια μορφή του χρόνου, τον αντικειμενοποιημένο χρόνο, να στραφεί αποκλειστικά προς την υλική πραγματικότητα, αναζητώντας την ευτυχία στην ύλη. Η πεζότητα αυτή παράγει την ανία, η οποία αποτελεί βασικό στοιχείο της δυσφορίας, καθώς επιθυμείται διαρκώς η αναζήτηση ενδιαφέροντος στον εξωτερικό κόσμο. Αυτό το αέναο κυνήγι της ευτυχίας είναι και η δυστυχία του. Τούτο όμως είχε ως αποτέλεσμα να αλλοτριωθεί από τον εσωτερικό του κόσμο και από εκείνο που τον υπερβαίνει. Ενώ ο άνθρωπος απελευθερώθηκε από εκείνο που τον υπερβαίνει, ταυτόχρονα κλήθηκε να αυτοπραγματωθεί και να αντιμετωπίσει, ως ένας πυγμαίος πια, το χάος που τον περιβάλλει, σκεπτόμενος ότι η αρχή και το τέλος της ζωής είναι ο ίδιος ο εαυτός του. Η αυτοαναφορά και η μη σταθερή αναφορά σε ό,τι τον υπερβαίνει διέλυσε τις αξίες και τις αρχές του, με αποτέλεσμα η αλήθεια να αφορά αποκλειστικά τον καθένα χωριστά και φυσικά να είναι διαφορετική στον καθένα. Αυτό επέφερε χωριστικότητα στον κόσμο, καθώς το άτομο περιχαρακώθηκε στη δική του αλήθεια. Διαμορφώθηκαν με αυτόν τον τρόπο δισεκατομμύρια παράλληλα ατομικά σύμπαντα μη επικοινωνούντα το ένα με το άλλο. Βασικό συστατικό στοιχείο της ευτυχίας όμως είναι οπωσδήποτε η έννοια της σχέσης, είτε του Εγώ με τον εαυτό του είτε του ενός ανθρώπου με τον άλλον. Η ενότητα παράγει ευτυχία, η διάσπαση δυστυχία. Η σχετικότητα στην αλήθεια δημιουργεί έναν χαώδη κόσμο. Αυτός είναι ο μηδενιστικός κόσμος που ζούμε σήμερα.

Εκείνο που φαίνεται ζωντανό δεν σημαίνει ότι πράγματι είναι ζωντανό. Διττός είναι ο τρόπος να εξετάζει κανείς τη ζωή. Ο ένας είναι ο τρόπος της επίφασης κι ο άλλος είναι ο τρόπος της αλήθειας. Η φαινομενική ζωή είναι η επίπλαστη ζωή, η οποία καθηλώνεται στο μηδέν. Το ότι συνεχίζει να λέγεται ζωή, τούτο οφείλεται στο γεγονός ότι το Είναι ενέχει μέρος της αλήθειας του Απείρου. Από το Άπειρο διαχέεται ο κόσμος της πολλαπλότητας και τούτο διασώζει τη φαινόμενη ζωή. Και τη διασώζει επειδή το Άπειρο είναι άφθαρτο κι αιώνιο, διότι είναι εκτός του αντικειμενοποιημένου χρόνου. Επομένως, το ίδιο το Άπειρο είναι Ζωή και κατά συνέπεια ευτυχία. Άρα, στον υλικό φαινόμενο κόσμο

ο θάνατος υπάρχει κατά συνθήκη και κατά συνέπεια η δυ-
στυχία. Στην πραγματικότητα δεν υπάρχει καθαρή δυστυ-
χία, διότι κι ο θάνατος είναι φαινομενικός, δηλαδή μη κα-
θαρός.

Η απόκλιση αυτή του ανθρώπου, δηλαδή του φυσικού με
τον μεταφυσικό του εαυτό, παρήγαγε δυσφορία ή, ακόμα
καλύτερα, απελπισία. Η διττότητα της ανθρώπινης ύπαρ-
ξης αποτελεί τον καθοριστικό παράγοντα, προκειμένου να
ερευνηθεί το καταγωγικό στοιχείο της απελπισίας. Η διττή
σχέση του υποκειμένου, ως μεταφυσικού και μη μεταφυσι-
κού, χρονολογημένου και μη χρονολογημένου, ελευθερίας
και αναγκαιότητας, συνιστούν τη συνθετική διάσταση του
ανθρώπου. Η σχέση αυτή διαμορφώνει τον τρίτο παράγο-
ντα, που είναι η ίδια η σχέση των δύο συνθετικών συστα-
τικών της ύπαρξης. Η σχέση αυτή είναι η πνευματικότητα.
Η πνευματικότητα συναποτελεί το Εγώ. Στον βαθμό που η
συνθετότητα αυτή αναφέρεται στην εμμένεια και δεν έχει
την τάση να ανυψωθεί στην υπέρβαση του εαυτού της και
να σχετιστεί και να συγκεκριμενοποιήσει αυτό που της
αποτείνεται, τότε εμμένει εγκλωβισμένη στον εαυτό της.
Αυτή η πραγματικότητα οδηγεί στην απελπισία, ή αλλιώς
δυσφορία.

Με άλλα λόγια, η καταγωγή της απελπισίας οφείλεται
στη σχέση του περατού και του άπειρου που αναφέρονται
στο Εγώ του και η σχέση αυτή εμμένει στην οντολογική
συνθήκη της φυσικής πραγματικότητας. Το Εγώ, ως μη
αναγώγιμο σε αυτό που το υπερβαίνει, αναλαμβάνει την
ευθύνη της απελπισίας σε κάθε στιγμή. Η απόκλιση του
Εγώ σε αυτό που του αποτείνεται κάθε στιγμή ενέχεται
από απελπισία λόγω της μη αναγώγιμης σχέσης. Η δυ-
νατότητα της σχέσης κάθε στιγμή στο παρόν, κι όχι στο
παρελθόν ή στο μέλλον, γίνεται απελπισία. Η κάθε στιγμή
της απελπισίας φέρει μέσα της όλο το παρελθόν στο τώρα.

Και αυτό είναι μέσα στη δυνατότητα. Πράγμα που σημαίνει ότι η απελπισία είναι μέσα στο πνεύμα. Το πνεύμα όμως φέρει μέσα του την απειρότητα και, όσο και να απορρίπτεται αυτή η απειρότητα, επιστρέφει στο παρόν με τη μορφή της στιγμής. Η κάθε στιγμή φέρει μέσα της τη δυνατότητα όλου του παρελθόντος. Αυτό σημαίνει ότι η απελπισία κατοικεί μέσα στο πνεύμα του ανθρώπου και αυτό, εφόσον εμπεριέχει την απειρότητα, είναι αδύνατον να απαλλαγεί από αυτή.

Ενώ φαίνεται αρχικά ότι η απελπισία εμφανίζεται όταν υπάρχει απόκλιση ανάμεσα στον περατό και στον άπειρο εαυτό, στο μεταφυσικό και μη μεταφυσικό κόσμο, στην πραγματικότητα η απελπισία απορρέει από την αυτοαναφορά του υποκειμένου στο Εγώ του. Στην απελπισία υπάρχει μια οξύτατη αντίφαση. Από τη μία μεριά, απελπίζεται κανείς γιατί δεν θέλει να είναι ο εαυτός που είναι και από την άλλη απελπίζεται κανείς γιατί θέλει να είναι ο εαυτός του. Όντας εγκλωβισμένος στη μη μεταφυσική πραγματικότητα, δίχως να αντιλαμβάνεται κανείς την απειρότητα του εαυτού του, ο απελπισμένος ματαιοπονεί, καθώς επιχειρεί να δώσει ένα τέλος για να μη φτάσει στον θάνατο. Και αυτό, επειδή, παρότι η απελπισία είναι ασθένεια προς θάνατο, ο θάνατος δεν αποτελεί το τέρμα της ασθένειας, καθώς το Άπειρο και η αιωνιότητα της ψυχής είναι εκεί. Το βάσανο είναι, λοιπόν, η αδυναμία να πεθάνει κανείς. Η υπέρτατη παραχώρηση εξαρτάται από το να είναι κανείς ένα Εγώ, ανεξάρτητα από τις πρόσκαιρες επιτυχίες του στην εξωτερική συνθήκη.

Η απελπισία αποτελεί στοιχείο της ζωής του ανθρώπου και κορυφώνεται όταν αυτός αγωνιά να γνωρίσει τον εαυτό του, όπως επίσης όταν προσπαθεί να αγνοήσει τον εαυτό του. Είναι μία ασυμφωνία ασύμμετρης υφής, εντός μίας αυτο-αναφερόμενης σύνθεσης. Όταν κανείς εισέρχεται στην ύψιστη ένταση της ασυμφωνίας, δυναμώνει και το αίσθημα της απελπισίας. Η απελπισία επιδιώκει την αυτοανάλωση του υποκειμένου, αλλά αδυνατεί να την επιτύχει. Για αυτόν τον λόγο στρέφεται στην εξωτερικότητα κι επιχειρεί απελπιστικά να (κατ)αναλώσει ό,τι του είναι δυνατόν. Το μαρτύριο της ύπαρξης που διατελεί σε απελπισία είναι ότι η απελπισία δεν υφίσταται μέσω της αυτοκαταστροφής, αλλά διαιωνίζεται μέσα σε μια διαρκή ένταση αναζήτησης αιτίων κι επαναληπτικής ανατροφοδότησης αυτής. Η απελπισία είναι ασθένεια που οδηγεί στον θάνατο, διότι απελπίζεται κανείς επειδή δεν μπορεί να πεθάνει. Και αυτή είναι η απελπισία του. Και θέλει να πεθάνει διότι θέλει να απαλλαγεί από το Εγώ του. Και θέλει να απαλλαγεί από το Εγώ του επειδή δεν καταφέρνει να πραγματοποιήσει έναν στόχο στο εξωτερικό πεδίο και, για αυτόν τον λόγο, δεν μπορεί να υποφέρει τον εαυτό του. Αφού δεν μπορεί να τον υποφέρει, θέλει να απαλλαγεί και, εφόσον δεν μπορεί να απαλλαγεί, απελπίζεται. Στην πραγματικότητα πεθαίνει διαρκώς το Εγώ του που δεν μπορεί να πεθάνει. Πεθαίνει τον θάνατο σημαίνει ότι ζει μέσα στον θάνατο. Η απελπισία δεν συνδέεται με τον βιολογικό θάνατο. Παρά το γεγονός ότι είναι ασθένεια προς θάνατο, ενώ εισάγει την αναμονή του θανάτου, παρ' όλα αυτά ο θάνατος δεν αποτελεί το τέλος της ασθένειας, δεδομένου ότι το τραγικό στοιχείο της απελπισίας συνίσταται στην αδυναμία του ανθρώπου να φτάσει στον θάνατο.

Η απελπισία αποτελεί ένα από τα ουσιώδη βιώματα του Εγώ, το οποίο αποτελεί μια συνειδητή και αυτοαναφερόμενη σύνθεση του Απείρου και του περατού. Αντίθετα, το υποκείμενο απελπίζεται αν δεν επιτύχει να καταφέρει εκείνο που επιδιώκει στην εξωτερική συνθήκη και στον φυσικό κόσμο. Αυτό έχει ως συνέπεια την απώλεια του Απείρου. Επομένως, η απόκλιση του μεταφυσικού με τον μη μεταφυσικό κόσμο οδηγεί την ύπαρξη στην απελπισία. Ως εκ τούτου, η απελπισία προκύπτει πολλές φορές από την προσπάθεια να προσεγγιστεί περισσότερο το Άπειρο και χάνεται το περατό και πλασματικό, αλλά και η αντίστροφη κατεύθυνση οδηγεί στο ίδιο αποτέλεσμα. Η απελπισία στο υποκείμενο οφείλεται πολλές φορές στην προσπάθειά του να βιώσει το μέλλον ως παρόν, προβάλλοντας το παρόν εντός του μέλλοντος. Επίσης, αντίστοιχα η απελπισία πολλές φορές οφείλεται στην προσπάθεια να βιώσει κανείς το παρόν ως παρελθόν, προβάλλοντας το παρελθόν εντός του παρόντος. Αμφότερες οι ανωτέρω καταστάσεις εκφράζουν τη δέσμευση του υποκειμένου εντός των πεπερασμένων διαστάσεων του χρόνου, οι οποίες ανακυκλώνονται κι επαναπροβάλλονται στο συνειδησιακό του πεδίο, χωρίς να διανοίγονται προς το Άπειρο κι αιώνιο. Η σύγκλιση του διττού χαρακτήρα του υποκειμένου, το οποίο ανάγεται στον μεταφυσικό και μη μεταφυσικό κόσμο, οδηγεί, αντίθετα, στην υπαρξιακή ενότητα και στη δυναμική της αυθυπέρβασής του, με σκοπό τη συγκεκριμενοποίηση του Απείρου.

Η απελπισία από την καθήλωση του ανθρώπου στην εξωτερική περατή συνθήκη είναι ένα αρνητικό πάθος. Η διαλεκτική αυτής της απελπισίας είναι η αναπτυσσόμενη σχέση μεταξύ των εννοιών του ευχάριστου και του δυσάρεστου, είναι η απελπισία της αμεσότητας, της μη επίτευξης της άμεσης επιθυμίας, της απώλειας της υλικής απόλαυσης, η διάσταση της οποίας είναι σχετική και η αξία πεπερασμένη. Ακόμη και η εκπλήρωση της επιθυμίας, παρά το γεγονός ότι προκαλεί σχετική ανάσχεση του αισθήματος της απελπισίας, εντούτοις κατά ουσία ενισχύει αυτό, δεδομένου ότι η μία επιθυμία διαδέχεται την άλλη και κάθε φορά η επιθυμία της εκπλήρωσης ενισχύει την απελπισία από την προσμονή των άλλων ανεκπλήρωτων επιθυμιών. Η απελπισία αυτή αποτελεί το στοιχείο της αρνητικότητας της μη μεταφυσικής ιχνογράφησης του ανθρώπινου υποκειμένου.

Η αναγνώριση του υποκειμένου του μεταφυσικού του κόσμου και η εστίαση στο Άπειρο που του απευθύνεται, συνεπάγεται την προσπάθεια εξύψωσης και τη στροφή προς τη διάσταση της εσωτερικής πραγματικότητας. Στο βάθος όμως, εξετάζοντας την απελπισία της περατής συνθήκης, διαπιστώνεται ότι αυτή οφείλεται στην άρνηση του Απείρου. Η επιχειρούμενη συγκεκριμενοποίηση του Απείρου συνεπάγεται τη βαθιά επιθυμία συνειδητοποίησης του αιωνίου Εγώ του υποκειμένου, από την οποία απορρέει η απελπισία της ανεύρεσης του Εγώ και της ταυτοποίησης του ατόμου προς το ίδιο το Εγώ του. Η απελπισία αυτή συνίσταται στη δυσχέρεια του καθορισμού των διαστάσεων εκείνου του Εγώ, που το άτομο επιθυμεί να τις διαμορφώσει για να ξαναβρεί την ισορροπία και να ισοζυγίσει τον μεταφυσικό με τον μη μεταφυσικό χαρακτήρα του. Μερικές φορές το Εγώ, στην εναγώνια προσπάθεια να γίνει ο εαυτός του, καταλήγει στο εκ διαμέτρου αντίθετο σημείο, απομακρυνόμενο όλο και περισσότερο από τον εαυτό του, γεγονός το οποίο ενισχύει την απελπισία του υποκειμένου, το οποίο εντείνει τις προσπάθειες αυτοδιαμόρφωσης και υποφέρει απελπιζόμενο από την αδυναμία ανεύρεσης της ταυτότητάς του.

Ταυτόχρονα, η απελπισία αποτελεί τη συνέπεια της αποστέρησης του εαυτού από τις δυνατότητές του και της ασυμφωνίας που υπόκειται ανάμεσα στις αναγκαιότητες και τις δυνατότητες του εαυτού. Αντί ο άνθρωπος να φέρει τη δυνατότητα εντός του χώρου της αναγκαιότητας, περιπλανάται στην αναζήτηση των δυνατοτήτων του και χάνει την ατραπό του εαυτού του. Ο άνθρωπος που αποδέχεται μόνο την ορθή νόηση, *πάντα απελπίζεται* και περιπίπτει σε σύγχυση, διότι έχει τη στέρεη πεποίθηση ότι όλα είναι αναγκαιότητα. Η απελπισία είναι η περιχαράκωση στο Εγώ κι ο σκοπός και το μέτρο είναι το αυτόφωτο του εαυτού. Το εν λόγω Εγώ είναι ένα γήινο κι εγκλωβισμένο στην περατή του συνθήκη Εγώ, καθηλωμένο στη θνητή του φύση και στην υλική του συμβατικότητα. Η απελπισία αυτή ταυτίζεται με την απελπισία της δουλείας, δεδομένου ότι ο άνθρωπος υποδουλώνει τον εαυτό στην υλική διάσταση του Εγώ, στο οποίο προσδίδει ιδιαίτερη αξία και κύρος, καθιστώντας αυτό μέτρο και σημείο αναφοράς όλων των επιδιώξεών του. Η απελπισία είναι βαρύτερο και, πλέον, πιο συγκεκριμένο βίωμα από την αμφιβολία. Εκφράζεται μέσω όλης της υπαρκτικότητας του ανθρώπου, ενώ η αμφιβολία εκφράζεται μόνο μέσω της νόησης. Η αμφιβολία δεν είναι τίποτε άλλο παρά η μη δυνατότητα δεκτικότητας των σκέψεων ή των ανθρώπων, επειδή διαπερνάται από τον φόβο της μη τελειότητας και του μη αιώνιου.

Η απελπισία επαυξάνεται με τη συνείδηση του Εγώ, εμμένοντας σε μια διαδικασία ψυχολογισμού, δηλαδή ενός επιφανειακού συμπεριφορισμού και απόπειρας λύσης της δυστυχίας σε αυτό το επιφανειακό πεδίο. Όσο ανυψώνεται το Εγώ και απελευθερώνεται από την περατή θνητή του φύση, τόσο περισσότερο απαλύνεται η απελπισία στην ψυχή του ανθρώπου. Όταν το Εγώ, ως επί μέρους και συγκεκριμένη υπόσταση, αποκτήσει συνείδηση ότι έχει τη δυνατότητα της αυθυπέρβασης και της συγκεκριμενοποίησης του Απείρου, τότε μόνο αντιλαμβάνεται την έννοια του Απείρου και αποσπάται από την προσωρινότητα και τη διαστρέβλωση της εξωτερικής πραγματικότητας.

Εντούτοις, η απελπισία προκύπτει και από την αφύπνιση του εαυτού μας, από τη συνειδητοποίηση του Εγώ μας, το οποίο μετέχει του Απείρου. Η απελπισία εκφράζει όλη την αδυναμία αποδοχής του Απολύτου. Αντίθετα, ένα Εγώ φερόμενο μπροστά στο Άπειρο ανυψώνεται κι ενδυναμώνεται. Ποιοτικά, ένα Εγώ είναι ό,τι το μέτρο του. Εάν το μέτρο της ανθρώπινης υπόστασης είναι το Άπειρο, τότε το Εγώ του ανθρώπου ανυψώνεται στην αιωνιότητα και, παρ' όλη την απελπισία και την αγωνία, ο άνθρωπος επιχαίρει με την αίσθηση της ελευθερίας του. Η απελπισία, ως μία μη επιφανειακή εξωτερική ασθένεια υλικής φύσης, αλλά ως μία μεταφυσική αγωνία, συσχετίζεται με το Άπειρο. Η διαλεκτική αυτή σχέση θέτει την ουσία της έννοιας, καθώς η ριζική εκκρεμότητά μας με το Άπειρο δηλώνει την απελπισία. Υπό αυτή την έννοια, πρόκειται για μια καθολική ασθένεια της απελπισίας. Διότι η ανησυχία που προκύπτει, η ανησυχία ή η αγωνία, η ασυμφωνία που υπάρχει σε σχέση με την εξωτερική συνθήκη, δημιουργεί, σε έναν μικρότερο ή μεγαλύτερο βαθμό, απελπισία. Ζώντας κάποιος άνθρωπος μέσα στην απελπισία του περατού πιθανόν η απελπισία του να μην είναι έκδηλη στους υπόλοιπους ανθρώπους. Το αντίθετο, μάλιστα· επειδή μπορεί να κερδίζει χρήματα, να κερδίζει σε υπόληψη και να ανέρχεται κοινωνικά, να δείχνει εξωτερικά ευτυχισμένος, μπορεί να γίνεται ζηλευτός. Αλλά αυτός ο καθημερινός αγώνας της εξωστρέφειας έχει ως συνέπεια να απομακρύνεται το Εγώ από τον εαυτό του. Μέσα σε αυτή τη σιωπή και την αποχή τελικά δεν διακινδυνεύει τίποτα, με συνέπεια να χάνει το Εγώ του, όσο εγωιστής και αν είναι. Αυτοί οι άνθρωποι, που στην εξωτερικότητα επιχειρούν να κατακυριαρχήσουν με αυτόν τον τρόπο στους άλλους, είναι εν τέλει οι πιο αδύναμοι άνθρωποι – και βέβαια δυστυχισμένοι.

Η απελπισία προκύπτει πάντα όταν υπάρχει αποταύτιση του εαυτού από το Εγώ. Το Εγώ αυτονομείται από τον εαυτό κι επιχειρεί να στραφεί προς την εξωτερικότητα για να ευχαριστηθεί, προκειμένου να επικαλύψει την αποταύτισή του από τον εαυτό. Κάθε φορά που κατακτά μια κορυφή στην ύλη νιώθει ότι ευτυχεί, αλλά πολύ σύντομα επέρχεται η ανία για αυτή την κατάκτηση. Αυτή η αέναη προσπάθεια κατάκτησης της ευτυχίας παραμένει ημιτελής, καθώς κάθε φορά θα επαναλαμβάνεται η στιγμή της ευχαρίστησης, που σύντομα θα εναλλάσσεται με την ανία. Η ανία προκαλεί την απελπισία και η ζωή φανερώνεται ως άχθος για τον άνθρωπο. Ο πόθος για ευτυχία συνεχίζει να υπάρχει, αλλά δεν γίνεται αντιληπτό πού ενοικεί η αληθινή ζωή. Όλοι οι άνθρωποι επιθυμούν να νιώθουν αρμονία και γαλήνη, ωστόσο αγνοούν πού πρέπει να αναζητήσουν την ευτυχία και για ποιο αντικείμενο ακριβώς προσπαθούν και αγωνίζονται να στοχεύσουν. Φαντάζονται ότι θα το βρούνε στις άμεσες αισθήσεις τους, με συνέπεια να στρέφουν το ενδιαφέρον τους σε οτιδήποτε τους εντυπωσιάζει, ελπίζοντας, κατά αυτόν τον τρόπο, ότι θα ανακαλύψουν την ευτυχία. Οι άνθρωποι αυτοί είναι φορείς της αντίληψης ότι το υπαρκτό είναι μόνο εκείνο που βλέπουν· αυτή η αντίληψη οδηγεί αναπόφευκτα στον μηδενισμό. Αποδύονται λοιπόν σε έναν αέναο αγώνα άγρας της ευτυχίας, πιστεύοντας ότι μέσα στον αντικειμενοποιημένο χρόνο θα επέλθει η δικαίωση. Στην περίπτωση που έλθουν αντιμέτωποι με τον εαυτό τους, τότε συνειδητοποιούν ότι πάντα κάτι διαφεύγει και τελικά δεν είναι και τόσο ευτυχισμένοι. Εκεί οφείλεται εν πολλοίς η αποφυγή της ειλικρινούς συνομιλίας με τον εαυτό. Φοβούνται ότι η αλήθεια θα τους παρουσιαστεί με διαφάνεια εντός τους. Η δειλία αυτή τους οδηγεί στη σκέψη ότι απλά έκαναν ένα σφάλμα στην αναζήτηση του αντικειμένου της ευτυχίας κι επομένως θα πρέπει να συνεχίσουν να επιδίδονται σε νέες προσπάθειες ανεύρεσής της. Το αποτέλεσμα όμως της διαδικασίας αυτής θα παραμένει ταυτόσημο. Κατά τη γνώμη μου, ευτυχώς· διότι όλη η ζωή δεικνύει αδιάλειπτα ότι η ευτυχία βρίσκεται σε άλλον χώρο και χρόνο από τη φαινομενικότητα των άμεσων αισθήσεων. Το γεγονός ότι το εφήμερο δεν μπορεί να πληρώσει τον άνθρωπο, τον οδηγεί αναπόφευκτα πέρα από την υλική εξωτερικότητα. Ο χώρος αυτός είναι η επαφή με την ίδια την ύπαρξή του. Πώς όμως ο άνθρωπος επιφέρει την επαφή με την ύπαρξή του;

Η αποταύτιση του εαυτού με το Εγώ απομακρύνει τον άνθρωπο από το κέντρο της ανθρωπινότητάς του, που είναι η αλήθεια. Η αλήθεια συνίσταται στη μετοχή του εαυτού στο Άπειρο. Σε περίπτωση που μετέχει ο εαυτός στο Άπειρο, η συσχέτιση αυτή φανερώνει το αληθινό Ον. Διότι το Άπειρο συγκεκριμενοποιείται και μορφοποιείται, καθώς το Άπειρο αποτείνεται στο υποκείμενο και το υποκείμενο απευθύνεται στο Άπειρο. Το χάος του Απείρου μορφοποιείται προς μια αρμονία αληθινής ζωής, οπωσδήποτε ηδονικής. Η δυσαρμονία του ανθρώπου με το Άπειρο είναι ο θάνατος και κατά συνέπεια η δυσαρέσκεια. Ο άνθρωπος αποτελεί μέρος του Απείρου και, καθώς φέρει μέσα του το Άπειρο, τείνει κι ο ίδιος στην απειρότητα. Η απεύθυνση του Απείρου στο περατό συνιστά το κριτήριο της δημιουργίας. Το Άπειρο δημιουργεί μορφές και οι μορφές, μετέχοντας με την απόπειρα εξύψωσής τους στο Άπειρο, δημιουργούν με τη σειρά τους αποκαλύπτοντας την αλήθεια. Το στοιχείο εκείνο που οικοδομεί τη συσχέτιση, καθώς επιτυγχάνεται η άρμοση του Απείρου με τον περατό άνθρωπο, είναι η αγάπη. Η ποιότητα της σχέσης αυτής καθορίζει και την ποιότητα της σχέσης του ανθρώπου με τον εξωτερικό κόσμο. Η ευτυχία δεν είναι πια μια κενοτοπία, αλλά λαμβάνει τον χαρακτήρα μιας εσωτερικής πληρότητας συνεχούς διάρκειας. Ευτυχία τελικά δεν είναι οι στιγμές της υλικής ζωής, όπως πολλοί πιστεύουν, αλλά η σχέση του περατού με το Άπειρο. Η διάζευξη του περατού με το Άπειρο οδηγεί αναπόδραστα στην επιδίωξη της ευτυχίας στην υλική συνθήκη. Το περατό Εγώ αυτονομημένο μεγαλοποιεί τον εαυτό του, προκειμένου να επιτύχει την ευτυχία. Το αποτέλεσμα είναι να έρθει σε σύγκρουση με τα άλλα Εγώ που επιθυμούν το ίδιο. Το γεγονός αυτό επιφέρει το αντίθετο αποτέλεσμα, καθώς φέρει την επιθυμία για εξουσία και κυριαρχία. Η σύγκρουση αυτή επιφέρει μόνο τον θάνατο και, κατά συνέπεια, μόνο τη δυστυχία, με αποτέλεσμα να είναι ευρέως διαδομένη η άποψη αρκετών ότι δεν υπάρχει ευτυχία σε αυτή τη ζωή. Τι αντιφατική και παράδοξη άποψη, αλήθεια! Διότι η ύπαρξη και η ζωή, φυσική και μεταφυσική, συμπίπτουν· κι εκείνο που τα αρμόνει είναι η κίνηση. Το Άπειρο δεν είναι ένα νεκρό ακίνητο όλον, όπως πιστεύουν πολλοί, αλλά κινείται διαρκώς. Η ζωή η ίδια είναι μια αέναη κίνηση· άρα η ευτυχία προϋποθέτει την κίνηση· μόνο ό,τι δεν κινείται είναι νεκρό και δυστυχισμένο. Η κίνηση δημιουργεί, άρα η δημιουργία αποτελεί ευτυχία. Σκοπός της κίνησης είναι ο κόσμος της πολλαπλότητας να ενωθεί με το Ένα. Η τάση για ένωση δημιουργεί ευφορία, ενώ αντίθετα η τάση για χωρισμό δημιουργεί δυσφορία. Το πολλαπλό τείνει στο Ένα. Από το Ένα, δηλαδή το Άπειρο, απορρέει οποιαδήποτε κίνηση και άρα ζωή. Το Ένα συλλαμβάνεται ως εκείνο που εξηγεί το Είναι και νοηματοδοτεί τη Ζωή και τον κόσμο των αισθήσεων. Η ευτυχία, ως ευτοπία, συνυπάρχει στον φαντασιακό χώρο, εκεί που η νόηση συναντά το συναίσθημα και το συναίσθημα τη νόηση. Η ευτυχία, το δίχως άλλο, αποτελεί γνωσιολογική αρχή. Η χαρά του ανθρώπου διαφαίνεται στο ύφος του ανθρώπου και δεν αποδεικνύεται, παρά μόνο ενδεικνύεται. Αν υποθετικά τεθεί η διερώτηση «πού ενυπάρχει η χαρά και σε ποιο μέρος του ανθρώπου κατοικοεδρεύει;», ο άνθρωπος που την αναζητεί μόνο στην ύλη αδυνατεί να απαντήσει· διότι η χαρά είναι υπαρξιακή κατάσταση, μη αποδεικνυόμενη παρά μόνο ενδεικνυόμενη. Ο κόσμος της φαινομενικότητας που οι άνθρωποι έχουν δημιουργήσει είναι αναγκαίο όσο ποτέ άλλοτε να καταργηθεί. Αυτός ο κόσμος υποτιμά τον ίδιο τον άνθρωπο, υποτιμά τις αισθή-

σεις του ανθρώπινου είδους. Είναι η απόπειρα του ανθρώ-
που να δολοφονήσει τη ζωή, καθώς ο κόσμος αυτός είναι
ανέντιμος, εξαπατητικός, μη αυθεντικός, αναληθής. Αυτά
είναι τα στοιχεία ανελευθερίας της φύσης, τα οποία δια-
μορφώνουν ανιαρό και πληκτικό τύπο ανθρώπου. Ο άλ-
λος κόσμος, που δημιουργείται στη στοχαστική φαντασία,
ένας κόσμος που ταυτίζει το Εγώ με τον εαυτό και τείνει
να γίνει αναγνωρίσιμος σε σταδιακές ποιοτικές αναφορές,
είναι ένας κόσμος διαφορετικός. Εφόσον ο κόσμος αυτός
ενυπάρχει στην εσωτερική διάσταση του υποκειμένου, τότε
υφίσταται πραγματικά.

Ο φιλοσοφικός συλλογισμός της σύλληψης του εαυτού
μέσα στο Άπειρο, δηλαδή η συνείδηση της μεταρσίωσης
του ανθρώπου, μετουσιώνεται στην αρμονική σχέση του
ανθρώπου με το εξωτερικό περιβάλλον. Τούτο σημαίνει ότι
ιεροποιείται ο εαυτός και γαληνεύει στην εφημερότητα της
ζωής, δίχως να επείγεται, να αγωνιά, να αγχώνεται για την
επίτευξη στιγμιαίας ευτυχίας. Το μυστικό της ευτυχίας ίσως
να βρίσκεται στην αδιαφορία για την ευτυχία του εφήμε-
ρου· να μην την επιζητεί μετά μανίας ο άνθρωπος, αλλά
να τη θεωρεί δευτερεύουσα στην πορεία της ζωής του. Το
παράδοξο του πράγματος έγκειται στο γεγονός ότι η ευτυ-
χία, ενώ αποτελεί ένα συναισθηματικό και νοητικό κράμα,
αντιμετωπίζεται από τον άνθρωπο ορθολογικά και κυνικά
προκειμένου να την επιτύχει, αδιαφορώντας ή καταπατώ-
ντας το συναίσθημα, διότι πιστεύει ότι το συναίσθημα απο-
τελεί αδυναμία στον επικείμενο στόχο. Η αδιαφορία, η ψυ-
χρότητα και η έλλειψη της κίνησης του πάθους διασπούν
πολλαπλά τον εαυτό, με αποτέλεσμα να επέρχεται ο πνευ-
ματικός θάνατος· έτσι, η δυστυχία ξεπροβάλλει αμείλικτη.
Η αδρανής ουδετερότητα που συνεπάγεται η αδιαφορία
κατευθύνει στην απουσία της συσχέτισης των ανθρώπων
και, κατά συνέπεια, στην πλήρη απουσία της αγάπης. Αυτή

απουσιάζει και από τον ίδιο τον εαυτό, εφόσον, όπως προανέφερα, έχει διασπαστεί η ενότητα. Τούτη η ακηδία αποτελεί μια νοσηρή κατάσταση, καθώς η αλήθεια όχι απλά παραγνωρίζεται, αλλά τελικά γίνεται κι εχθρός. Και η αλήθεια είναι ότι η ευτυχία δεν δύναται να είναι ο ύστατος σκοπός της κοινωνίας και να τίθεται υπεράνω της ελευθερίας ή της οδύνης αυτού του κόσμου. Ο ορθολογιστικός δυϊσμός σώματος και πνεύματος είναι μια ψευδαίσθηση ενός παραμορφωτικού πλασματικού κόσμου, που οδηγεί αναπόφευκτα στον μηδενισμό. Ο άνθρωπος που θα εμβαθύνει συλλογιστικά θα πρέπει να είναι ο άνθρωπος των αισθήσεων και του πνεύματος, τα οποία συγκλίνουν στον έναν εαυτό. Η επιδίωξη της ευτυχίας κι ο τρόπος απόκτησής της στον καθένα ξεχωριστά εξαρτάται τελικά από τον τρόπο με τον οποίο διαχειρίζεται ο άνθρωπος τη θνητότητά του· με αυτόν τον τρόπο αποκαλύπτεται ολοκληρωτικά το δράμα της ανθρώπινης ύπαρξης.

Βιογραφικό

Ο Τριαντάφυλλος Σερμέτης γεννήθηκε στη Λάρισα και τα τελευταία χρόνια διαμένει μόνιμα στη Θεσσαλονίκη. Είναι εκπαιδευτικός Θεολόγος-Φιλόλογος και Διδάκτορας Φιλοσοφίας. Έχει δημοσιεύσει πλήθος άρθρων θεολογικού, φιλοσοφικού, πολιτικού και κοινωνικού περιεχομένου, σε έντυπα και ηλεκτρονικά μέσα, καθώς και φιλοσοφικές μελέτες σε επιστημονικά περιοδικά, κι έχει συμμετάσχει με εισηγήσεις σε Φιλοσοφικά Συνέδρια. Το επιστημονικό του ενδιαφέρον στη Φιλοσοφία εντοπίζεται στη Γνωσιολογία, Οντολογία κι Αισθητική. Έχει εκδώσει την ποιητική συλλογή *Μύχιες Παύσεις* (2015) και τη θεολογική και φιλοσοφική μελέτη *Η Θεολογία της Αφύπνισης* (2016). Έχει συγγράψει τον **Πρόλογο** και τον **Επίλογο** στο βιβλίο της Αναστασίας Βούλγαρη: «*Μίκης Θεοδωράκης, Μονόλογοι, Διάλογοι και το Μονοπάτι προς το μέλλον: Συνοπτική παρουσίαση*» (2017).

Ευτυχία και
Θετική Ψυχολογία

....

γράφει ο
Δημήτρης Φλαμούρης, Ph.D.

Τι είναι ευτυχία;

Σε πολλούς από εμάς όταν σκεφτόμαστε την ευτυχία μάς έρχονται στο μυαλό εικόνες από διαφημίσεις. Εκεί όπου ένα χαρούμενο ζευγάρι (συνήθως γύρω στα 35) σε ένα φωτεινό σπίτι με ακριβώς δύο παιδιά (συνήθως 5 και 7 ετών) τρώνε τα αγαπημένα τους κορν φλέικς ή το βούτυρο που τους αρέσει. Όλα είναι ωραία και ανέμελα. Κάποιοι άλλοι σκεφτόμαστε πως η ευτυχία είναι στιγμές. Στιγμές απόλαυσης και ξεκούρασης. Σκεφτόμαστε την ευτυχισμένη ζωή σαν μια ζωή χωρίς άγχος, χωρίς κακουχίες. Μια ζωή που θα κυλάει εύκολα και χαρούμενα. Μια ζωή που θα περνάμε καλά. Επιστημονικά αυτό θα το ονομάζαμε «ηδονικό ορισμό της ευτυχίας».

Είναι όμως αυτό αρκετό;

Το παρακάτω παράδειγμα ίσως μας κατατοπίσει. Είναι η ιστορία του Γιάννη.

137

*Ο Γιάννης δουλεύει σε μια εταιρεία κι έχει καλή σχέση
με τους συναδέλφους του. Περνάει ευχάριστα εκεί και
συχνά γελάνε όλοι μαζί με όσα συμβαίνουν στη δου-
λειά. Κάποιες φορές μάλιστα βγαίνουν και για ποτό ή
φαγητό το βράδυ και διασκεδάζουν. Τους τελευταίους
μήνες όμως, όταν επιστρέφει σπίτι ο Γιάννης, κάτι τον
πιάνει και κάθεται στην κουζίνα του και κλαίει. Δεν ξέ-
ρει τι του συμβαίνει.*

Διαβάζοντας την ιστορία αυτή σχηματίζουμε την άποψη
ότι ο Γιάννης ζει μια ευτυχισμένη ζωή ή όχι; Οι περισσό-
τεροι θα συμφωνήσουμε ότι μάλλον κάτι λείπει. Από την
ηδονική σκοπιά όμως, η ζωή του Γιάννη θα έπαιρνε το πι-
στοποιητικό ευτυχίας, καθώς τα θετικά συναισθήματα που
βιώνει είναι περισσότερα από τα αρνητικά. Ο Γιάννης φαί-
νεται γενικά χαρούμενος, αλλά όχι ευτυχισμένος.

Η Θετική Ψυχολογία, η επιστήμη της ευτυχίας, μας δίνει
μια κάπως διαφορετική εικόνα για την ευτυχισμένη ζωή.
Σύμφωνα με τον Martin Seligman, τον πατέρα της νέας αυ-
τής επιστήμης,[19] η αυθεντική ευτυχία είναι ένα μείγμα ηδο-
νικής αλλά κι ευδαιμονικής ευτυχίας. Ένα μείγμα το οποίο
συμπεριλαμβάνει τις έννοιες της ευχάριστης ζωής, της ζωής
με την οποία συνδεόμαστε ενεργά και της ζωής με νόημα.
Η ευχάριστη ζωή εμπεριέχει τα ευχάριστα συναισθήματα
(π.χ. χαρά, ευγνωμοσύνη, γαλήνη, ελπίδα, έμπνευση, κλπ.)
με τα οποία οι περισσότεροι από εμάς ταυτίζουμε την ευτυ-
χία. Είναι και τα υπόλοιπα συστατικά του μείγματος απα-
ραίτητα, όμως, ώστε να μπορεί να χαρακτηριστεί όντως ευ-

---

19 Η Θετική Ψυχολογία εμφανίστηκε το 1988 ως τομέας της Ψυχο-
λογίας. Ο Martin Seligman την επέλεξε τότε ως το θέμα της θητείας
του σαν πρόεδρος του American Psychological Association. Ο σκο-
πός της ορίστηκε ως: Η επιστημονική μελέτη των παραγόντων που
κάνουν μια ζωή άξια να τη ζήσεις.

τυχισμένη η ζωή μας. Έτσι, αποτελεί σημαντικό παράγοντα το να είμαστε άμεσα συνδεδεμένοι με την καθημερινότητά μας, να νιώθουμε ότι μας απορροφά ευχάριστα, αλλά και να νιώθουμε ότι υπηρετούμε κάτι μεγαλύτερο από εμάς. Να νιώθουμε δηλαδή ότι η ζωή μας έχει ένα νόημα.

Η ευτυχισμένη ζωή, αποφαίνεται η Θετική Ψυχολογία, είναι κάτι παραπάνω από στιγμές. Είναι μια συναισθηματική κατάσταση στην οποία υπάρχει χώρος και για τις δυσκολίες, τα άγχη, τις αγωνίες. Είναι ένας συνολικός τρόπος ζωής ο οποίος μας εμπνέει μια αίσθηση πληρότητας και ικανοποίησης.

Η σύσταση της ευτυχίας

Το εύλογο ερώτημα που προκύπτει είναι πώς μπορούμε να αποκτήσουμε αυτόν τον τρόπο ζωής. Τι πρέπει να αλλάξουμε για να τον κατακτήσουμε; Πόσο επηρεάζει την ευτυχία μας το περιβάλλον στο οποίο ζούμε;

Η απάντηση των ερευνών είναι πως οι εξωτερικές συνθήκες της ζωής μας έχουν επίδραση στην ευτυχία μας, αλλά πολύ λιγότερο από ό,τι θα πιστεύαμε. Συγκεκριμένα, έχει βρεθεί ότι η ευτυχία μας εξαρτάται κατά 50% από τα γονίδιά μας, κατά 40% από τον τρόπο σκέψης και δράσης μας και μόνο κατά 10% από τις εξωτερικές καταστάσεις.[20] Το καταπληκτικό αυτό εύρημα υποδεικνύει πως δεν μας επηρεάζουν τόσο οι συνθήκες της ζωής μας, όσο ο τρόπος που σκεφτόμαστε γι' αυτές. Οι έρευνες της νέας επιστήμης έρχονται να επιβεβαιώσουν τη σοφία των αρχαίων Ελλήνων, καθώς ο Επίκουρος είχε δηλώσει ότι «δεν μας επηρεάζουν τα γεγονότα αλλά ο τρόπος με τον οποίο τα ερμηνεύουμε».

Το απροσδόκητο αυτό αποτέλεσμα μπορεί να γίνει πε-

---

20 Αποτέλεσμα έρευνας των Lykken & Tellegen (1996).

ρισσότερο ξεκάθαρο μέσα από ένα παράδειγμα. Ας υποθέσουμε πως κάποιος παίρνει μια προαγωγή στη δουλειά του. Μπορεί τότε να πει: «Τέλεια! Περισσότερα χρήματα, πιο ενδιαφέρον αντικείμενο, άτομα κάτω από μένα να διοικώ, εξέλιξη!» και να χαρεί. Μπορεί επίσης να πει: «Ωχ! Περισσότερες ευθύνες, πιο πολλή δουλειά, άτομα από κάτω μου να με ζαλίζουν. Καλά ήμουν στην ησυχία μου» και να χαλαστεί. Το εξωτερικό ερέθισμα είναι το ίδιο: Πήρε προαγωγή. Ο τρόπος με τον οποίο αντιμετώπισε το ερέθισμα όμως καθόρισε τη δική του διάθεση.

Το ίδιο συμβαίνει με τα περισσότερα πράγματα στη ζωή μας. Υπάρχουν πολλοί άνθρωποι που φαίνεται να τα έχουν όλα, χρήματα, φίλους, σχέσεις, κι όμως είναι πολύ δυστυχισμένοι. Υπάρχουν και πολλοί που μοιάζει να μην έχουν τίποτα κι όμως αποπνέουν χαρά και γαλήνη. Ο τρόπος που αντιμετωπίζουν τη ζωή, το 40% της ευτυχίας τους, έχει θετικό πρόσημο.

Αναλώνουμε τη ζωή μας εστιασμένοι στο να βελτιώσουμε τις συνθήκες που μας περιβάλλουν. Παλεύουμε να αποκτήσουμε όλα τα αγαθά τα οποία νομίζουμε ότι θα μας κάνουν να είμαστε πιο ευτυχισμένοι. Κατ' αυτόν τον τρόπο ίσως καταφέρουμε να αλλάξουμε το 10% της ευτυχίας μας. Κι όμως, ίσως δεν χρειάζεται να αλλάξουμε τίποτα. «Η ευτυχία δεν είναι ψηλά στον ουρανό, ούτε κάτω στη γη. Είναι στο μπόι μας» είχε πει ο Καζαντζάκης. Μπορούμε να είμαστε ευτυχισμένοι σήμερα με όσα έχουμε αν αποφασίσουμε να αφιερώσουμε την ενέργειά μας στο να εξελίξουμε τον τρόπο σκέψης μας, το 40% της ευτυχίας μας.

Οι έρευνες της Θετικής Ψυχολογίας πλέον αποδεικνύουν αυτό το οποίο ο Σωκράτης είχε πει περισσότερα από δύο χιλιάδες χρόνια πριν: «Αν δεν είσαι ευτυχισμένος με αυτά που έχεις, δεν θα είσαι ευτυχισμένος ούτε και με αυτά που θα ήθελες να έχεις».

Τι μας σταματάει
από το να νιώσουμε την ευτυχία;

Αν είναι τόσο απλό το να νιώσουμε ευτυχισμένοι, τότε για-
τί δεν τα καταφέρνουμε; Τι μας εμποδίζει από το να βιώ-
σουμε αυτή τη συναισθηματική κατάσταση πληρότητας; Η
απάντηση στα ερωτήματα αυτά δεν είναι απλή και πιθανώς
να υπάρχει μια ποικιλία παραγόντων που συμβάλλουν στις
συναισθηματικές δυσκολίες που αντιμετωπίζουμε στη ζωή
μας. Θα επιχειρήσω μια υποκειμενική ανάλυση των κυριό-
τερων από αυτούς.

Ο βασικότερος ίσως παράγοντας είναι οι προσδοκίες που
έχουμε για εμάς και το πώς θα έπρεπε να είναι η ζωή μας.
Χιλιάδες χρόνια πριν, ο Βούδας είχε πει ότι «η επιθυμία εί-
ναι η πηγή κάθε δυστυχίας», και η ύπαρξη των προσδοκιών
μας αντικατοπτρίζει τη μεγάλη αυτή αλήθεια. Ταυτόχρονα
είμαστε άνθρωποι κι όχι φωτισμένοι άγιοι, κι έτσι τέτοιες
ρήσεις αφηρημένης φύσης ίσως δεν είναι πολύ βοηθητικές
στη δική μας πραγματικότητα. Στην καθημερινότητά μας,
αυτό που χρειάζεται να αναλογιστούμε είναι το αν η εικό-
να της ευτυχίας την οποία προσδοκούμε να αποκτήσουμε
είναι ρεαλιστική.

Για να εξετάσουμε το πώς μας επηρεάζουν οι προσδοκί-
ες μας στην πράξη, θα κάνουμε ένα μικρό γκάλοπ: Τι θα
απαντούσατε αν σας ρωτούσαν τι θα προτιμούσατε από τις
παρακάτω τρεις επιλογές;

1. Να κερδίσετε το αργυρό μετάλλιο στους αγώνες
2. Να κερδίσετε το χάλκινο μετάλλιο στους αγώνες
3. Να έρθετε προτελευταίοι

Αν είστε όπως οι περισσότεροι άνθρωποι (το 90% σύμ-
φωνα με τις έρευνες) θα επιλέγατε το αργυρό μετάλλιο.
Στο κάτω κάτω ποιος θέλει το χάλκινο όταν μπορεί να έχει

το αργυρό μετάλλιο. Ποια θα έπρεπε όμως να ήταν η επιλογή σας αν το κριτήριό σας ήταν το να μεγιστοποιήσετε την ευτυχία σας; Οι έρευνες δείχνουν ότι τότε θα έπρεπε να είχατε επιλέξει το χάλκινο μετάλλιο... Οι νικητές χάλκινων μεταλλίων δηλώνουν πιο ευτυχισμένοι από τους νικητές των αργυρών!

Ο λόγος; Οι προσδοκίες. Όσοι έρχονται δεύτεροι σε έναν αγώνα φαντάζονται πώς θα ήταν αν είχαν έρθει πρώτοι και απογοητεύονται. Όσοι έρχονται τρίτοι φαντάζονται πώς θα ήταν αν είχαν έρθει τέταρτοι και χαίρονται. Η απογοήτευση και η χαρά που νιώθουμε είναι το προϊόν της σύγκρισης του αποτελέσματος που παράγουμε με την προσδοκία που είχαμε θέσει στον εαυτό μας. Όταν το παραγόμενο αποτέλεσμα ξεπερνάει την προσδοκία μας, τότε χαιρόμαστε. Διαφορετικά απογοητευόμαστε.

Με ποιο μηχανισμό όμως διαμορφώνουμε τις προσδοκίες μας; Αν και η απάντηση στο ερώτημα αυτό είναι αρκετά περίπλοκη, ο βασικότερος παράγοντας διαμόρφωσης των προσδοκιών μας είναι η φαντασία μας. Το πώς φανταζόμαστε ότι θα «έπρεπε» να είναι τα πράγματα. Αν δεν είναι όπως τα φανταζόμαστε, απογοητευόμαστε.

Αν δεν είναι η δουλειά μας όπως θα «έπρεπε» να είναι, απογοητευόμαστε.

Αν δεν είναι το σώμα μας όπως θα «έπρεπε» να είναι, απογοητευόμαστε.

Αν δεν είναι το σπίτι μας όπως θα «έπρεπε» να είναι, απογοητευόμαστε.

Αν δεν είναι η σχέση μας όμως θα «έπρεπε» να είναι, απογοητευόμαστε.

Αν δεν είναι η ζωή μας όπως θα «έπρεπε» να είναι, απογοητευόμαστε.

Και πώς θα «έπρεπε» να είναι όλα αυτά;

Εδώ έρχονται οι διαφημίσεις, οι τηλεοπτικές σειρές, ολόκληρος ο κοινωνικός ιστός, να μας πλασάρουν πρότυπα τα οποία θα «έπρεπε» να ακολουθούμε. Η οικογένεια της διαφήμισης είναι το πρότυπό μας, όπως προαναφέρθηκε. Η σχέση της ταινίας είναι το πρότυπό μας. Οι διακοπές του Facebook είναι το πρότυπό μας. Οι φωτογραφίες του Google είναι το πρότυπό μας.

Είναι αυτά τα πρότυπα αληθινά; Είναι ρεαλιστικά; Είναι επιτεύξιμα;

Συνήθως όχι. Οι φωτογραφίες είναι ρετουσαρισμένες. Τα μοντέλα δεν έχουν τόσο ωραίο σώμα όπως φαίνεται στα περιοδικά. Τα τοπία δεν έχουν τόσο εντυπωσιακά χρώματα όπως στις φωτογραφίες. Οι οικογένειες δεν χαμογελούν συνέχεια όπως στη διαφήμιση δημητριακών. Ακόμα και οι αληθινές φωτογραφίες υποφέρουν από αυτό που ονομάζεται μεροληπτική επιλογή (selection bias). Όλοι θέλουμε να είμαστε οι «καλύτεροι», οπότε μόνο τις καλύτερες και τις πιο χαρούμενες φωτογραφίες μοιραζόμαστε. Δυστυχώς, η τεχνολογία έκανε αυτή την πλασματική πραγματικότητα πολύ εύκολα προσβάσιμη σε όλους μας κι έτσι ανεβάσαμε τον πήχη των προσδοκιών μας. Η πραγματικότητα δεν μπορεί πλέον παρά να μας απογοητεύει, αφού είναι αδύνατον να ανταποκριθεί στα μη ρεαλιστικά πρότυπά μας.

Αν κοιτάξουμε λίγο γύρω μας θα συνειδητοποιήσουμε ότι η κατάσταση είναι διαφορετική. Η ευτυχία μάλλον δεν είναι φυσιολογική. Δεν είναι το σύνηθες το να είσαι ευτυχισμένος. Δεν είναι η δυσκολία μια εξαίρεση στην κατά τ' άλλα ομαλή ζωή μας. Δεν είναι τόσο απλό το να είμαστε ικανοποιημένοι από τη ζωή μας. Γνωρίζουμε άραγε πολλούς ανθρώπους που είναι χαρούμενοι, συνειδητοποιημένοι και σε αρμονία με τις επιλογές τους; Η προσοχή μας εστιάζεται διαρκώς στην πλούσια, εύκολη, άνετη ζωή, η οποία δεν αποτελεί παρά ένα πάρα πολύ μικρό κομμάτι του φάσματος της αληθινής ζωής. Στην αληθινή ζωή υπάρχει και δυσκολία και δυσφορία και πίεση και αγώνας. Οι προσδοκίες μας όμως δεν τις περιλαμβάνουν όλες αυτές τις «δυσάρεστες» καταστάσεις, κι έτσι όταν αναπόφευκτα προκύψουν απογοητευόμαστε.

Οι στατιστικές μάς δίνουν μια αρκετά συγκεκριμένη εικόνα για τον κόσμο μας. Περίπου ένας στους τρεις ανθρώπους θα υποφέρει κάποια στιγμή από μια ψυχική πάθηση. Περίπου ένας στους δέκα θα επιχειρήσει κάποια στιγμή να δώσει τέλος στη ζωή του κι ένας στους πέντε θα υποφέρει από κατάθλιψη. Αν προσθέσουμε σε αυτά τα νούμερα τους χωρισμούς, τις εργασιακές δυσκολίες, την οικονομική κρίση, τις δυσχερείς οικογενειακές σχέσεις, τα προβλήματα υγείας, το καθημερινό άγχος, τους ψυχαναγκασμούς, τον χρόνιο θυμό, θα συνειδητοποιήσουμε ότι αυτό το οποίο θεωρούμε ως φυσιολογικό ίσως τελικά να είναι κάτι πολύ πιο σπάνιο ακόμη και από ένα διαμάντι. Σίγουρα πολύ πιο σπάνιο από όσο νομίζουμε.

Κι όμως, οι περισσότεροι άνθρωποι νομίζουμε ότι όλοι είναι ευτυχισμένοι γύρω μας εκτός από εμάς. Και αυτή η πεποίθηση το μόνο που κάνει είναι να παράγει δυστυχία, καθώς το λογικό συμπέρασμα το οποίο εξάγεται είναι ότι υπάρχει κάτι ελαττωματικό μέσα μας. Αν θεωρούμε ότι η ευτυχία είναι φυσιολογική και θα «έπρεπε» κι εμείς να νιώθουμε ευτυχισμένοι, τότε θα κρίνουμε τον εαυτό μας ως ανεπαρκή και προβληματικό. Κι αυτό θα μας κάνει ακόμα πιο δυστυχείς.

Οι συνέπειες των προσδοκιών επιδεικνύουν την καταστροφική δύναμή τους με τον πλέον χαρακτηριστικό τρόπο σε ένα φαινόμενο, το οποίο έχει γίνει γνωστό ως το «σκανδιναβικό παράδοξο». Οι σκανδιναβικές χώρες φιγουράρουν στην πρώτη θέση των πιο ευτυχισμένων χωρών του πλανήτη εδώ και δεκαετίες. Οι κάτοικοί τους δηλώνουν σταθερά ως οι πιο ικανοποιημένοι με τη ζωή τους σε σύγκριση με κατοίκους άλλων χωρών. Κι όμως, σε αυτές τις χώρες παρατηρούνται ταυτόχρονα αρκετά υψηλά ποσοστά αυτοκτονιών. Πώς μπορούν να συνδυαστούν αυτά τα δυο αντιφατικά φαινόμενα; Η απάντηση που έχει δοθεί από τους ερευνητές αντικατοπτρίζει τη λογική που ανεπτύχθη πιο πάνω. Όταν όλοι στις κοινωνίες αυτές δηλώνουν ευτυχισμένοι, οι λίγοι οι οποίοι δεν βιώνουν αυτό το συναίσθημα αποδίδουν σε προσωπικά αίτια την αδυναμία τους. Την «έλλειψή» τους. Νιώθουν ελαττωματικοί κι έτσι έχουν μεγαλύτερη πιθανότητα να προβούν σε δραστικές κινήσεις. Αντίθετα, σε χώρες με σταθερά χαμηλούς δείκτες ευτυχίας, όπως για παράδειγμα το Πακιστάν, δεν παρατηρούνται τόσες αυτοκτονίες, καθώς είναι πιο εύκολο να αποδεχτεί κανείς ότι οι δυσκολίες είναι φυσιολογικές, αν όλοι δυσκολεύονται γύρω του. Να αποδεχτεί ότι η ζωή εμπεριέχει κι ένα κομμάτι το οποίο δεν είναι ευχάριστο και να μην αποδώσει σε προσωπική έλλειψη και αποτυχία το γεγονός ότι ταλαιπωρείται.

Εκτός από την προσωπική απόδοση ευθυνών, όμως, το να κυνηγούμε και να προσδοκούμε την ευτυχία επηρεάζει και με άλλους τρόπους αρνητικά το βίωμά μας. Στον δυτικό κόσμο το κυνήγι της ευτυχίας είναι πλέον το άγιο δισκοπότηρο για κάθε άνθρωπο. Αποτελεί μέρος της Αμερικάνικης Διακήρυξης της Ανεξαρτησίας. Τα ευρήματα της Θετικής Ψυχολογίας δείχνουν όμως ότι το να κυνηγάς την ευτυχία είναι ο λάθος τρόπος για να την αποκτήσεις. Η ευτυχία αποδεικνύεται πως μοιάζει με έναν οργασμό, ο οποίος όσο τον σκέφτεσαι τόσο δεν έρχεται.

Οι έρευνες φανερώνουν πως αυτό που καθορίζει το πόσο ευτυχισμένοι νιώθουμε είναι η πορεία για την επίτευξη του στόχου κι όχι το τελικό αποτέλεσμα. Σημασία έχει το ταξίδι, όχι η Ιθάκη. Αν απολαμβάνουμε την προσπάθεια τότε θα αντλήσουμε και μεγάλη ικανοποίηση από την όλη διαδικασία, ανεξάρτητα από το αν θα επιτύχουμε τον στόχο μας (μάλιστα, σε ορισμένες περιπτώσεις μπορεί να είναι καλύτερα να μην τα καταφέρουμε καν). Ένας ηθοποιός περνάει ευτυχισμένα τη ζωή του αν αγαπάει τη δουλειά του, αν του αρέσει αυτό που κάνει κι όχι αν το κάνει για να κερδίσει το Όσκαρ. Σε τυπικές έρευνες, όταν ερωτήθηκαν άτομα για το πόσο διήρκεσε η αύξηση της ευτυχίας τους μετά από την απονομή ενός βραβείου, οι περισσότεροι απάντησαν κάτι σαν: «Μία μέρα». Αντιθέτως, η προσπάθεια για την επίτευξη του στόχου κρατάει πολύ περισσότερο. Έτσι, αν την απολαμβάνουμε θα νιώθουμε χαρά και ικανοποίηση μόνο και μόνο επιδιώκοντας τον στόχο μας ή δουλεύοντας γι' αυτόν.

Πώς μπορούμε να επιτύχουμε την ευτυχία;

Αν το κυνήγι της ευτυχίας το μόνο που επιτυγχάνει είναι να την απομακρύνει, τότε τι θα τη φέρει πιο κοντά; Η απάντηση ίσως να κρύβεται στην ευτυχία του κυνηγιού, όπως έχει υπαινιχθεί πιο πάνω. Η ίδια η διαδικασία επίτευξης των στόχων κάνει τη διαφορά στην ευτυχία μας. Κατά τη διαδικασία αυτή ίσως μας δοθεί η ευκαιρία να αναπτύξουμε νέες δυνατότητες, να αποκτήσουμε νέες εμπειρίες, να κοινωνικοποιηθούμε, να διευρύνουμε τους ορίζοντές μας, να μάθουμε και να αγωνιστούμε. Η διαρκής ενασχόληση με τον στόχο μας μπορεί να συνοδεύεται από συνεχόμενες προκλήσεις και την ικανοποίηση που θα λαμβάνουμε όταν θα τις ξεπερνάμε. Ο άνθρωπος έχει μια έμφυτη ανάγκη να αντιμετωπίζει προκλήσεις και να χρησιμοποιεί τις δυνατότητές του στο μέγιστο, σύμφωνα με ορισμένους επιστήμονες, έτσι παίρνει διαρκώς μικρές δόσεις ευτυχίας όσο προσπαθεί να φτάσει στο τελικό αποτέλεσμα.

Ας πάρουμε το παράδειγμα κάποιου ο οποίος σπούδασε ένα αντικείμενο που του άρεσε. Αν συγκρίναμε την ευτυχία του κατά την αποφοίτηση με την ευτυχία που άντλησε κατά τη διάρκεια των σπουδών του, είναι εύκολο να καταλάβουμε πόσο μεγαλύτερη βαρύτητα έχει το να έχει περάσει τέσσερα ενδιαφέροντα χρόνια γεμάτα γνώσεις κι εμπειρίες. Ακόμα και αν δεν πήρε το πτυχίο στο τέλος, τόσο οι γνώσεις που αποκόμισε όσο και οι εμπειρίες της φοιτητικής ζωής, τα άτομα που γνώρισε, τα νέα περιβάλλοντα μέσα στα οποία βρέθηκε, αλλά και οι προκλήσεις που κλήθηκε να αντιμετωπίσει, θα τον έχουν κάνει πολύ πλουσιότερο σαν άνθρωπο.

Η ευτυχία είναι ένας μυς

Ενώ η αίσθηση σκοπού είναι πολύ σημαντική για την ευτυχία ενός ατόμου, υπάρχουν και πολλοί πρακτικοί τρόποι για να αυξήσουμε τα επίπεδα ικανοποίησης που λαμβάνουμε από τη ζωή μας. Η επιστήμη της Θετικής Ψυχολογίας έχει μελετήσει ένα ευρύ φάσμα άμεσα εφαρμόσιμων τεχνικών οι οποίες έχουν σαν στόχο να επέμβουν στον τρόπο σκέψης μας, το 40% της ευτυχίας μας, ώστε να αρχίσει να μας εξυπηρετεί κι όχι να μας υπονομεύει. Ο σκοπός των τεχνικών είναι να εκπαιδεύσουν τον εγκέφαλό μας να παράγει περισσότερα θετικά συναισθήματα και να αντλούμε μεγαλύτερη ευχαρίστηση από τις υπάρχουσες συνθήκες ζωής μας.[21]

---

21 Ο αναγνώστης ο οποίος ενδιαφέρεται περαιτέρω για τις τεχνικές αυτές μπορεί να ανατρέξει στη σχετική βιβλιογραφία της Θετικής Ψυχολογίας. Ενδεικτικά ο ιστότοπος https://ggia.berkeley.edu περιέχει ένα πλήθος ασκήσεων που μπορεί κάποιος να δοκιμάσει.

Ο εγκέφαλός μας είναι βιολογικά προγραμματισμένος να σκέφτεται αρνητικά. Σύμφωνα με την Εξελικτική Ψυχολογία αυτό συμβαίνει διότι χιλιάδες χρόνια πριν, όταν ζούσαμε στις αφρικανικές σαβάνες, οι πρόγονοί μας –οι οποίοι επέζησαν και κατάφεραν να περάσουν τα γονίδιά τους στις επόμενες γενεές– ήταν εκείνοι οι οποίοι ήταν καχύποπτοι. Ήταν εκείνοι που έκριναν πρώτα ως απειλή ένα εξωτερικό ερέθισμα, προτού αποδειχτεί κάτι άκακο. Ήταν εκείνοι οι οποίοι αναπηδούσαν με φόβο στο άκουσμα ενός θορύβου, προτού αποδειχτεί ότι ήταν απλά ένα πρόβατο. Στις σημερινές κοινωνίες οι κίνδυνοι που ήταν τότε παρόντες έχουν εξαλειφθεί σε μεγάλο βαθμό, όμως οι πρωτόγονες δομές του εγκεφάλου μας συνεχίζουν να λειτουργούν με τον ίδιο τρόπο. Συνεπώς, χρειάζεται συνειδητή προσπάθεια για να ξεπεράσουμε την προδιάθεσή μας να σκεφτόμαστε αρνητικά, να αποκτήσουμε νέες δεξιότητες και να επαναπρογραμματίσουμε τον εγκέφαλό μας ώστε να εξυπηρετεί την ευτυχία μας.

Κατά την άποψή μου, η σημαντικότερη δεξιότητα και η πιο εύκολη να κατακτηθεί είναι η δεξιότητα της ευγνωμοσύνης. Όλοι μας έχουμε πάρα πολλούς λόγους για να είμαστε ευγνώμονες για τη ζωή μας. Αν διαβάζετε αυτό το βιβλίο είναι πολύ πιθανό να έχετε ένα σπίτι να μείνετε το βράδυ, ένα πιάτο φαγητό στο τραπέζι και ίσως και την υγεία σας. Κι όμως, όλα αυτά τα αγαθά τα παίρνουμε σαν δεδομένα, κι έτσι δεν επηρεάζουν το πώς βιώνουμε την καθημερινότητά μας. Εκτός και αν μας συμβεί κάτι και τα χάσουμε προσωρινά.

Αν, για παράδειγμα, αρρωστήσουμε και μετά από λίγες μέρες γίνουμε και πάλι καλά, κατά πάσα πιθανότητα την πρώτη μέρα θα νιώσουμε πολύ χαρούμενοι. Τυπικά δεν θα έχει αλλάξει κάτι στην κατάστασή μας εν συγκρίσει με λίγες μέρες πριν αρρωστήσουμε. Ίσως μάλιστα να έχουμε ορισμένες εκκρεμότητες τις οποίες δεν καταφέραμε να διευθετήσουμε κατά τη διάρκεια της ασθένειάς μας. Κι όμως, η διάθεσή μας ξαφνικά είναι πολύ καλύτερη από πριν, διότι τώρα εκτιμούμε την υγεία μας. Είμαστε ευγνώμονες για το γεγονός ότι έχουμε σηκωθεί από το κρεβάτι. Η ίδια κατάσταση με πριν, αλλά ο διαφορετικός τρόπος σκέψης, όπως έχει τονιστεί και πρωτύτερα, συντελεί στο να αντλούμε ευχαρίστηση από κάτι που έως λίγες μέρες πριν θεωρούσαμε δεδομένο. Προτού βιαστούμε να κατηγορήσουμε τον εαυτό μας, να υπενθυμίσω ότι είναι φυσιολογικό να θεωρούμε την υγεία μας δεδομένη. Η θεώρησή μας αυτή είναι άρρηκτα συνδεδεμένη με τον τρόπο λειτουργίας του εγκεφάλου μας, όπως εξηγήθηκε. Χρειάζεται να ξοδέψουμε ενέργεια για να βγούμε από τον αυτόματο πιλότο και να αρχίσουμε να εκτιμούμε όλα όσα ομορφαίνουν τη ζωή μας αλλά βρίσκονται στην αφάνεια όσον αφορά στο πεδίο παρατήρησής μας.[22]

Ποια είναι η ζωή που αξίζει να ζήσουμε;

Ο καθένας μας έχει τα δικά του όνειρα, τις δικές του φιλοδοξίες, τα δικά του προτερήματα και τις ιδιαιτερότητές του. Πώς λοιπόν να απαντηθεί ένα τόσο γενικό ερώτημα; Και πώς μπορούμε να βγάλουμε ένα συμπέρασμα για μια ολόκληρη ζωή; Οποιοσδήποτε θα προσπαθούσε να δώσει μια επιστημονική κι όχι φιλοσοφική απάντηση στο ερώτημα αυτό θα έπρεπε να μελετήσει ανθρώπους για ολόκληρη τη ζωή τους, παρακολουθώντας τη σε κάθε της βήμα. Ακούγεται αδύνατον.

Κι όμως, το πανεπιστήμιο του Χάρβαρντ έκανε ακριβώς

22 Η απλούστερη άσκηση ευγνωμοσύνης ονομάζεται «Three good things» κι ο αναγνώστης μπορεί να βρει περισσότερες λεπτομέρειες στον ιστότοπο https://ggia.berkeley.edu

αυτό. Ξεκίνησε να παρακολουθεί 734 νεαρούς 16-18 ετών το 1938 και συνεχίζει ακόμα και τώρα με όσους είναι εν ζωή. Από αυτούς οι 268, γόνοι πλούσιων οικογενειών, ήταν μέλη του κολεγίου, ενώ οι υπόλοιποι κατάγονταν από τις φτωχότερες γειτονιές της Βοστόνης. Κάποιοι από τους συμμετέχοντες ξεκίνησαν από το μηδέν κι έφτασαν να αποκτήσουν τα πάντα. Κάποιοι άλλοι ακολούθησαν την ακριβώς αντίθετη πορεία...

Κατά τη διάρκεια της ζωής τους οι συμμετέχοντες έκαναν κάθε δύο χρόνια ιατρικές και ψυχολογικές εξετάσεις ώστε να διαπιστώνεται ποια ήταν η κατάστασή τους ολιστικά. Οι ερευνητές έκαναν συνεντεύξεις στους γύρω τους, στις γυναίκες τους, στα παιδιά τους, για να συγκρίνουν τα όσα έλεγαν οι ίδιοι με τα όσα οι συγγενείς τους πίστευαν γι' αυτούς. Μετά από 79 έτη έρευνας, τέσσερις γενιές ερευνητών και χιλιάδες δεδομένα, τι μπορούμε να μάθουμε από αυτή τη γιγάντια, μοναδική μελέτη όσον αφορά το ποια ζωή είναι τελικά η ευτυχισμένη ζωή;

Το αδιαμφισβήτητο συμπέρασμα είναι πως η ευτυχισμένη ζωή είναι αυτή με την καλύτερη ποιότητα ανθρωπίνων σχέσεων. Ή αλλιώς, όσο πιο κοντινές, ζεστές σχέσεις είχαν στη ζωή τους οι συμμετέχοντες τόσο πιο ευτυχισμένοι δήλωναν. Όταν είχαν ανθρώπους γύρω τους να τους καταλαβαίνουν, να τους στηρίζουν, να μοιράζονται τις χαρές και τις δυσκολίες τους. Κανένας άλλος παράγοντας δεν είχε ανάλογη σημασία. Πρέπει να σημειωθεί ότι ήταν η ποιότητα κι όχι η ποσότητα των σχέσεων που ήταν καθοριστική. Η ποιότητα των ανθρωπίνων σχέσεων ήταν κι ο ισχυρότερος προγνωστικός παράγοντας καλής υγείας στα 80 έτη όταν παρατηρήθηκαν οι άνθρωποι στα 50 έτη. Είναι σημαντικό να τονισθεί πως, όταν στην αρχή της έρευνας ρωτήθηκαν τι θα ήθελαν από τη ζωή τους, κανένας από τους ανθρώπους αυτούς δεν είπε πως θα ήθελε μια ζωή με ποιοτικές σχέσεις. Όλοι τους έδωσαν παραπλήσιες και αναμενόμενες απαντήσεις. Όλοι ονειρευόνταν μια ζωή με χρήματα, με φήμη, με δύναμη. Στο τέλος, όμως, η ποιότητα των σχέσεών τους καθόρισε την ποιότητα του βίου τους. Αν χρειάζεται να προσέξουμε έναν παράγοντα για να φροντίσουμε την ευτυχία μας, λοιπόν, αυτός φαίνεται πως είναι οι σχέσεις μας με τους άλλους ανθρώπους.

Η δικτατορία της ευτυχίας

Στις μέρες μας η βιομηχανία της ευτυχίας είναι τεράστια κι έχει σχεδόν επιβάλει μια δικτατορία σε εμάς τους πολίτες της. «Πρέπει» να είμαστε ευτυχισμένοι. Αν δεν είμαστε, τότε κάτι «πρέπει» να πηγαίνει στραβά με εμάς ή τη ζωή μας. Όταν υπάρχουν οι τρόποι και οι τεχνικές για να νιώθουμε καλύτερα, όταν διάφοροι γκουρού υπόσχονται μια ζωή χωρίς άγχος, μια ζωή χωρίς δυσκολίες, όταν υπάρχουν βιβλία, άρθρα και σεμινάρια αυτοβοήθειας που υπόσχονται να μας βοηθήσουν να πετύχουμε να γίνουμε ευτυχισμένοι, τότε είναι πολύ υπαρκτός ο κίνδυνος να νιώσουμε πολύ λίγοι αν δεν τα καταφέρνουμε. Ακριβώς όπως με το «σκανδιναβικό παράδοξο». Σχεδόν δεν υπάρχει χώρος για τα «αρνητικά» συναισθήματα στις μέρες μας και «πρέπει» να τα αποβάλλουμε.

Όμως συναισθήματα όπως ο φόβος, ο θυμός, το άγχος, ο εγωισμός, έχουν τον χώρο τους στη ζωή μας και είναι μια πολύ φυσιολογική απόρροια της ανθρώπινης φύσης. Από μόνα τους δεν είναι «άσχημα» συναισθήματα. Υπό συνθήκες έχουν τη δυνατότητα και να μας ωφελήσουν. Μπορεί να μη μας αρέσει να τα βιώνουμε, όμως υπάρχουν για να μας προστατέψουν, να επιβιώσουμε. Ο φόβος μπορεί να μας προστατέψει από το να ρισκάρουμε χωρίς λόγο. Ο θυμός μπορεί να μας κινητοποιήσει να δράσουμε και να αλλάξουμε καταστάσεις. Το άγχος μπορεί να μας υποδείξει ότι κάτι είναι σημαντικό για εμάς κι ο εγωισμός μπορεί να μας βοηθήσει να φροντίσουμε τον εαυτό μας. Αν τα δαιμονοποιούμε, τότε, όταν αναπόφευκτα θα τα βιώνουμε, θα πιστεύουμε ότι κάτι δεν κάνουμε «σωστά». Κάτι δεν πάει «καλά» με μας.

Αντί γι' αυτό θα πρότεινα να τα αποδεχόμαστε γι' αυτό που είναι. Μια πολύ φυσιολογική συνέπεια του γεγονότος ότι είμαστε άνθρωποι. Είναι απόλυτα συνυφασμένα με τη φύση μας και το να θέλουμε να τα αποβάλλουμε είναι μια απέλπιδα μάχη ενάντια στον εαυτό μας. Πολλές φορές ενάντια στην ίδια τη βιολογία μας. Ας αποδεχτούμε ότι κάποιες φορές θα θυμώνουμε, θα φοβόμαστε, θα είμαστε εγωιστές. Δεν πειράζει. Δεν γίνεται να είμαστε αλλιώς. Έτσι είμαστε φτιαγμένοι. Η κριτική που ασκούμε στον εαυτό μας για τα συναισθήματα αυτά, κι όχι τα ίδια τα συναισθήματα, είναι υπεύθυνη στον μεγαλύτερο βαθμό για τη δυσφορία που μας προκαλούν. Το ότι δεν θα «έπρεπε» να νιώθουμε έτσι, κι όχι αυτό που νιώθουμε.

Επίλογος

Η ευτυχία είναι κάτι παραπάνω από χαρά και διασκέδαση. Η ενεργή σύνδεση με τη ζωή και η αίσθηση σκοπού είναι εξίσου απαραίτητα συστατικά για μια ευτυχισμένη ζωή. Η επιστήμη της Θετικής Ψυχολογίας επιβεβαιώνει τους αρχαίους Έλληνες φιλοσόφους με τα σύγχρονα ευρήματά της, δίνοντας μεγαλύτερη έμφαση στον τρόπο που σκεφτόμαστε για τις καταστάσεις παρά στις καταστάσεις τις ίδιες, όσον αφορά στο πώς επηρεάζουν την ευτυχία μας.

Οι προσδοκίες μας αποτελούν έναν από τους σημαντικότερους ανασταλτικούς παράγοντες στον αγώνα μας για το κυνήγι της ευτυχίας. Ένας αγώνας που φαίνεται να είναι από την αρχή χαμένος, βέβαια, καθώς αποδεικνύεται πως θα έπρεπε να εστιάζουμε στην ευτυχία του κυνηγιού. Στο να απολαμβάνουμε τη διαδικασία και να μην αποσκοπούμε μόνο στην τελική επίτευξη ενός στόχου. Πέρα από την ευτυχία του κυνηγιού, η Θετική Ψυχολογία διδάσκει πως μπορούμε να εκπαιδεύσουμε τον εγκέφαλό μας, ώστε να νικήσουμε τη βιολογία μας και να αποκτήσουμε τη δεξιότητα της ευτυχίας. Ακριβώς όπως γυμνάζουμε και τους υπόλοιπους μυς μας.

Εν τέλει, αν δεν νιώθουμε ευτυχισμένοι όπως το φανταζόμαστε, ας μη βιαστούμε να συμπεράνουμε ότι κάτι δεν πάει καλά με εμάς. Ας δώσουμε στον εαυτό μας το δικαίωμα να είμαστε άνθρωποι. Τρωτοί κι ευάλωτοι. Ας αγαπήσουμε τη φύση μας όπως ακριβώς είναι κι όχι όπως τα βιβλία και οι ταινίες μας διδάσκουν ότι θα «έπρεπε» να είναι. Τότε θα καταφέρουμε να σχετιστούμε πληρέστερα με εμάς και κατά συνέπεια και με τους άλλους. Η ευτυχισμένη ζωή εξάλλου είναι η ζωή με τις καλύτερες ανθρώπινες σχέσεις...

Βιογραφικό

Ο Δημήτρης Φλαμούρης μεγάλωσε στη Δράμα. Το 1996 αποφοίτησε πρώτος από το Μαθηματικό Τμήμα του Αριστοτελείου Πανεπιστημίου Θεσσαλονίκης. Συνέχισε τις σπουδές του στο Λονδίνο, όπου απέκτησε μεταπτυχιακό και διδακτορικό τίτλο πάνω στα Χρηματοοικονομικά Μαθηματικά. Εργάστηκε σε διεθνείς επενδυτικές τράπεζες στο Λονδίνο αλλά και στην Ελλάδα και από το 2014 συνεργάζεται με το Οικονομικό Πανεπιστήμιο Αθηνών.

Σε μια αποφασιστική στροφή καριέρας, παράτησε τα χρηματιστήρια και απέκτησε πτυχίο Ψυχολογίας από το University of East London, όπου ειδικεύτηκε στον τομέα της Θετικής Ψυχολογίας. Πλέον διοργανώνει ομιλίες και σεμινάρια πάνω σε θέματα ευτυχίας, άγχους και σχέσεων και διατηρεί το δικό του blog (www. dimitrisflamouris.com).

Παράλληλα, ασχολείται ερασιτεχνικά με το κρασί κι έχει ταξιδέψει σε περισσότερες από 70 χώρες, συλλέγοντας εμπειρίες από όλα τα μέρη του πλανήτη.

Έχει συγγράψει το βιβλίο *Ψυχο-Λογικές Σχέσεις*, όπου συνδυάζει τη μαθηματική και την ψυχολογική του ιδιότητα, δίνοντας με ιδιαίτερη επιτυχία μια πολύ διαφορετική οπτική στο θέμα των σχέσεων.

Η Ευτυχία Ξεκινά
Από Μέσα Μας

....

γράφει η
Άντρη Χαϊράλλα

Με την πάροδο των χρόνων και των αιώνων έχει περάσει και (δυστυχώς) έχει επικρατήσει η αντίληψη ότι η έννοια της ευτυχίας σηματοδοτεί την καλή τύχη που προσδιορίζει την ψυχική ικανοποίηση του ανθρώπου, η οποία προέρχεται από την εκπλήρωση των επιθυμιών και την επίτευξη των σκοπών του, είναι παροδική και στη ζωή υπάρχουν μόνο στιγμές ευτυχίας. Η θεωρία αυτή είναι στηριγμένη στην ετυμολογία της λέξης ευτυχία ως εξής: ευ + τύχη (από το ρήμα τυγχάνω = επιτυγχάνω τον σκοπό μου).

Όμως η αντίληψη αυτή είναι απλά μία πλάνη. Μία πλάνη που, όσο δεν την αντιλαμβανόμαστε, απλά την ενστερνιζόμαστε χωρίς να δίνουμε τη δέουσα σημασία που της αρμόζει. Αυτό συμβαίνει γιατί αγνοούμε την αυθεντική προέλευση της λέξης ευτυχία, η οποία ουσιαστικά προέρχεται από την αρχαία ελληνική λέξη εὐτυχία κι ετυμολογείται ως εξής: εὖ + τεύχω {ρίζα *θευχ-: αξίζω, χρησιμεύω, ευτυχώ} = φτιάχνω, που δηλώνει πως φτιάχνω κάτι καλά. Αν και το ρήμα τεύχω είναι ομόρριζο του τυγχάνω, βλέπουμε πως η εννοιολογική διαφορά τους στη λέξη ευτυχία καθορίζει τη σημασία της.

Με βάση τη γνήσια προέλευση της λέξης ευτυχία, αυτό το κάτι που φτιάχνουμε καλά δεν είναι άλλο από την ικανότητά μας να χαιρόμαστε το υπέρτατο δώρο της ζωής, να αποδεχόμαστε τον εαυτό μας, να έχουμε επίγνωση των δυνατοτήτων μας και να τις χρησιμοποιούμε με τρόπο δημιουργικό, ώστε να δίνουμε νόημα στην ύπαρξή μας. Υπό αυτό το πρίσμα, η επιστήμη της Θετικής Ψυχολογίας μελετά το φαινόμενο της ευτυχίας· και αυτό προτίθεμαι να αναλύσω στο παρόν κείμενο.

Το υπέρτατο αγαθό που έχει ο καθένας μας είναι η ζωή, η ίδια η ύπαρξή του. Για σκέψου το για μια στιγμή. Τι αξία θα είχε το οτιδήποτε αν δεν ήσουν στη ζωή; Καμία απολύτως! Άρα το γεγονός ότι είσαι ζωντανός, ότι αναπνέεις, ότι αντιλαμβάνεσαι τον κόσμο γύρω σου, ότι νιώθεις αισθήματα, όλα αυτά σηματοδοτούν την ύπαρξή σου. Σπουδαία η ζωή, σπουδαίο επίσης το να τη ζεις εστιάζοντας στην ουσία.

Η ουσία της ζωής είναι για όλους τους ανθρώπους η ίδια, παρά το γεγονός ότι όλοι είμαστε διαφορετικοί μεταξύ μας. Η ουσία της ύπαρξής μας έγκειται στην εσωτερική μας ελευθερία. Όταν είμαστε πραγματικά ελεύθεροι μέσα μας, τότε βιώνουμε την ευτυχία στο κάθε κύτταρο του είναι μας. Πραγματικά ελεύθεροι είμαστε όταν νικήσουμε τις μάχες που έχουμε να δώσουμε με τον εαυτό μας, όταν καταφέρουμε να νικήσουμε τα πάθη μας και να απαλλαγούμε από οτιδήποτε αρνητικό και καχεκτικό κουβαλούσαμε μέσα μας. Αυτό πάει να πει πως έχουμε χρέος απέναντι στον ίδιο μας τον εαυτό να νικήσουμε τα ευτελέστερα ένστικτά μας –όπως είναι η ζήλεια, η πλεονεξία, η εκδικητικότητα, η οκνηρία– ώστε να φανερωθεί μέσα μας το πραγματικό μεγαλείο της ανθρώπινης φύσης μας. Η ελευθερία! Η ελευθερία έκφρασης του πραγματικού και βαθύτερου εαυτού μας που ενισχύει την ικανότητά μας να αντιμετωπίζουμε τα πάντα στη ζωή με ηρεμία, με αισιοδοξία, με αρχοντιά, με φιλότιμο και μεγαλοψυχία –ουσιώδεις αρετές και αξίες.

Αρετές και αξίες που είναι χαραγμένες στο ανθρώπινο DNA μας από την πρώτη κιόλας στιγμή της σύλληψής μας. Το κατά πόσο θα καλλιεργηθούν ή όχι από το κάθε άτομο, αυτό είναι υποκειμενικό. Σημασία έχει πως υπάρχουν μέσα μας. Κι οτιδήποτε υπάρχει μέσα μας μπορούμε να το καλλιεργήσουμε, μπορούμε να το ενισχύσουμε, μπορούμε να το εξελίξουμε, μπορούμε να το τελειοποιήσουμε. Όλες αυτές οι αλλαγές είναι ανέφικτο να γίνουν εν μία νυκτί. Για τον λόγο αυτό θα χρειαστεί να καλλιεργήσουμε τις αρετές της υπομονής και της ηρεμίας.

Η υπομονή ετυμολογικά προέρχεται από την πρόθεση υπό και το ρήμα μένω κι εννοιολογικά σημαίνει να μην τα παρατάμε στις δύσκολες στιγμές που κάποτε η ζωή μάς φέρνει, αλλά να μένουμε πιστοί στους στόχους μας και με τον ίδιο ζήλο να καταβάλλουμε πρόθυμα τον κόπο και τις προσπάθειες που απαιτούνται προκειμένου να ολοκληρώσουμε το έργο που έχουμε ξεκινήσει. Αυτός ο πρώτος ενθουσιασμός που μας κινητοποίησε ευθύς εξαρχής και η χαρά που νιώθουμε βλέποντας με τα μάτια της ψυχής μας το ποθητό αποτέλεσμα ως πλέον ολοκληρωμένο, θα εμφανιστούν ξανά μπροστά μας – και αυτή τη φορά θα είναι ακόμη πιο έντονα και δυνατά, αφού η σιγουριά και η σταθερότητα θα έχουν πια για τα καλά ριζωθεί μέσα μας.

Καθ' όλη τη διάρκεια της ενδοσκόπησής μας και την αναγνώριση του εαυτού μας χρειάζεται να επιδείξουμε ηρεμία. Για να κατορθώσουμε την ηρεμία ένα πρέπει να έχουμε κατά νου· να αποδεχόμαστε με γενναιότητα αυτό που απαιτείται από εμάς να κάνουμε. Όσο πιο πολύ εξοικειωνόμαστε με τον συγκεκριμένο τρόπο σκέψης, τόσο μονιμότερη και αναφαίρετη θα είναι η ηρεμία που θα μας κατακλύζει.

Με πυξίδα την ηρεμία του νου – πνεύματος – αισθημάτων οδηγούμαστε στην ουσιαστική και σε βάθος αποδοχή του εαυτού μας, όπως ακριβώς είναι, χωρίς καλυπτικές μάσκες ή περιττές/παραπλανητικές ενδυμασίες. Όταν έχουμε τη δύναμη να δούμε κατάματα τις αδυναμίες και τις ιδιαιτερότητές μας και συνειδητά επιλέγουμε να αφοσιωθούμε στη βελτίωση όσων από αυτές μπορούν να βελτιωθούν, καθώς και να αγκαλιάσουμε με αγάπη όλα όσα δεν μπορούμε να αλλάξουμε, τότε μόνο αποδεχόμαστε πλήρως κι ολοκληρωτικά τον εαυτό μας. Και είναι αυτό που οφείλουμε να κάνουμε. Να αγαπάμε και να αποδεχόμαστε την κάθε πτυχή του εαυτού μας ξεχωριστά κι ό,τι μας ορίζει ως οντότητα.

Αγαπώ και αποδέχομαι. Δεν είναι απλά δύο τυχαία ρήματα που επέλεξα να χρησιμοποιήσω. Όχι. Είναι τα ρήματα με τη σπουδαιότερη σημασία σε ό,τι αφορά την αξιοσήμαντη σχέση που οφείλουμε να έχουμε με τον εαυτό μας. Εμείς κι ο εαυτός μας δεν είμαστε ξεχωριστές οντότητες, μα μία. Αέναη και αδιαίρετη. Όσο πιο σύντομα το συνειδητοποιήσουμε αυτό, τόσο πιο άμεσες θα είναι και οι αλλαγές που θα παρατηρούμε να συμβαίνουν στη ζωή μας.

Αγαπάμε δίχως όρια και φραγμούς με μια αγάπη άδολη και ατόφια, αγνή και καθάρια, χωρίς ίχνος διαστρέβλωσης. Έτσι αγαπάμε ολοκληρωτικά. Πρώτα από όλους τον ίδιο μας τον εαυτό. Γιατί μόνο αν νιώσουμε αυτό το αγνό και συνάμα δυνατό αίσθημα της αγάπης προς εμάς τους ίδιους θα αντιληφθούμε πόσο σημαντικοί είμαστε έτσι όπως ακριβώς είμαστε, με τα καλά και με τα όχι και τόσο καλά μας, με τις ιδιαιτερότητες και τα χαρίσματά μας, με τις ευαισθησίες και με τις δυναμικές μας, με όλα όσα συνθέτουν την ποιότητα του είναι μας.

Και αποδεχόμαστε το κάθε διαφορετικό κομμάτι του εαυτού μας, ακόμη κι αν μέχρι πριν από λίγο έμοιαζε να είναι αρνητικό και θέλαμε να απαλλαγούμε από αυτό. Συνήθως οι άνθρωποι όταν εκλάβουν κάτι ως βλάβη ή ελάττωμα ή όταν δεν εμπίπτει με κανέναν τρόπο στα πλαίσια της εξιδανίκευσης που έχουν πλάσει στο κεφάλι τους, απορρίπτουν ακόμη και τον ίδιο τους τον εαυτό. Αυτό βέβαια είναι μέγα λάθος, αφού αν εμείς οι ίδιοι απορρίψουμε τον εαυτό μας, θα είμαστε δυστυχείς και δεν θα μπορούμε να βρούμε πουθενά την ευτυχία, αφού δεν θα υπάρχει μέσα μας. Είναι ακριβώς σε αυτό εδώ το σημείο που γίνεται η σύγχυση με την έννοια της λέξης ευτυχία και οι περισσότεροι άνθρωποι, θέλοντας να ικανοποιήσουν τα θέλω τους για να νιώσουν έστω για λίγο όμορφα, καταφεύγουν στην υλική ευμάρεια, την απόκτηση υλικών αγαθών, την ανάπτυξη της τεχνολογίας, τα κοινωνικά αξιώματα και τη δόξα. Με άμεσο και καταστρεπτικό αποτέλεσμα να χαθεί η ευτυχία τους όταν χάσουν όλα όσα απέκτησαν.

Επανέρχομαι στην αγάπη και την αποδοχή του εαυτού μας, στο Α και το Ω της υγιούς ύπαρξής μας. Μόνο όταν αντιληφθούμε όλα όσα συμβαίνουν μέσα μας θα κατανοήσουμε και θα εκτιμήσουμε τον εαυτό μας όπως πραγματικά είναι. Υπάρχει λόγος που προερχόμαστε από αυτή τη φάρα, τη φάρα των ανθρώπων. Και δεν είναι άλλος από τη συνειδητή κι εστιασμένη πορεία μας προς την αναγνώριση, την αγάπη και την αποδοχή του εαυτού μας και κατ' επέκταση του γένους μας. Γιατί όταν αγαπάμε αληθινά τον εαυτό μας νιώθουμε την ευτυχία να πλημμυρίζει το κάθε κύτταρο του σώματός μας και τίποτα δεν μπορεί να μας στερήσει αυτή τη χαρά.

Η χαρά έρχεται όταν είμαστε ήρεμοι και αμέριμνοι εσωτερικά, όταν επιμελούμαστε ό,τι ακριβώς έχουμε μπροστά μας την κάθε δεδομένη στιγμή, χωρίς να μας απασχολούν πράγματα που είναι πέραν του δικού μας ελέγχου. Στην αρχή ίσως να απαιτείται λίγος χρόνος μέχρι να γίνει αυτοματισμός. Όμως όταν κατορθώσουμε να κατακτήσουμε αυτή την κατάσταση, τότε το σώμα και το μυαλό μας μαζί μεριμνούν αρμονικά και φροντίζουν για όλα, καθώς την ίδια στιγμή η ψυχή μας παραμένει ήρεμη, ξεκούραστη, χαρούμενη κι ευτυχισμένη.

Κι όμως, η μαγεία δεν σταματά εδώ, αλλά θα έλεγα πως από 'δώ αρχίζει... γιατί η βαθύτερη και πιο ουσιαστική χαρά έρχεται όταν, όντας πλήρεις μέσα μας, «ξεχνάμε» τον εαυτό μας για χάρη κάποιου άλλου και δινόμαστε ολοκληρωτικά χωρίς να μας κρατούν πίσω η φιλαυτία, οι ενδοιασμοί, οι ανασφάλειες. Αυτή η χαρά, η φωτεινή ευτυχία που πηγάζει από μέσα μας και μεταλαμπαδεύεται στους γύρω μας είναι που μας μεταμορφώνει ως ανθρώπους και μας ανοίγει νέους ορίζοντες τόσο στον εσωτερικό, όσο και στον εξωτερικό κόσμο μας.

Αντανάκλαση του εξωτερικού μας κόσμου είναι ο εσωτερικός μας κόσμος. «Ό,τι δείξουμε στον καθρέφτη, αυτό θα μας δείξει», πολύ σοφά μού έλεγε (κι ακόμη το κάνει) η μητέρα μου. Ξέρεις; Δεν έχει αξία αν φτιασιδωθείς για να δείχνεις ωραίος/ωραία για λίγο. Σημασία έχει να νιώθεις ωραία μέσα σου για ό,τι κι όσα είσαι, γίνεσαι, μαθαίνεις, εξελίσσεσαι. Άμα από μέσα σου πηγάζει η αληθινή ωραιότητα, τότε είναι που το ταξίδι της ζωής σου προορίζεται να είναι αυθεντικό κι απίστευτα μαγευτικό.

Πώς όμως θα γίνει αυτό και κατά πόσο είναι εφικτό, ίσως να είναι μερικές από τις ερωτήσεις που τριγυρνούν στο μυαλό σου. Ας ξεκαθαρίσουμε, λοιπόν, ορισμένα σημεία επί τούτου, προκειμένου να γίνει πλήρως κατανοητό. Στις μέρες μας, από αρκετούς ανθρώπους καταβάλλεται μεγάλη προσπάθεια προκειμένου να γίνουν πιο ωραίοι άνθρωποι, με απώτερο σκοπό να προσελκύσουν κοντά τους έναν άνθρωπο εξίσου ωραίο για να βρίσκονται μαζί του.

Αρκετές φορές, όμως, το όραμά μας σχετικά με το τι είναι ωραίο περιορίζεται μονάχα σε ορισμένα εξωτερικά χαρακτηριστικά του προσώπου ή του σώματος. Με αποτέλεσμα, όταν τελικά «κατακτήσουμε» αυτή την εξωτερική, την επιφανειακή ωραιότητα, είτε στον ίδιο μας τον εαυτό είτε σε κάποιο άλλο άτομο, να μένουμε απογοητευμένοι. Η χαρά και η ευτυχία δεν είναι τα αισθήματα που κατακλύζουν την ψυχή μας και αυτό συμβαίνει επειδή η εσωτερική ασχήμια αρχίζει να κάνει ξανά την εμφάνισή της, ακυρώνοντας τις θετικές εντυπώσεις με τις οποίες μας είχε παραπλανήσει η εξωτερική ωραιότητα.

Για να μην πιαστούμε κορόιδα σ' αυτή την πλάνη, ένα μόνο οφείλουμε στον εαυτό μας· να κατακτήσουμε την εσωτερική ωραιότητα, να διασφαλίσουμε την αρμονία του ψυχικού μας κόσμου, την ηρεμία και τη γαλήνη, την αγάπη και την καλοσύνη, την αποδοχή και την ενσυναίσθηση. Όσο περισσότερο καλλιεργούμε τις αρετές αυτές, τόσο ενισχύεται η αξία τους και άλλο τόσο με την πάροδο του χρόνου εμείς οι ίδιοι αναπλάθουμε τον εαυτό μας, πάντοτε στην καλύτερη εκδοχή του. Γιατί, όταν φτάσουμε σε αυτά τα βαθύτερα επίπεδα συνειδητότητας και ταυτόχρονα στα ανώτερα επίπεδα εξωτερίκευσης της ουσίας του είναι μας, η εσωτερική ωραιότητα έχει έναν και μόνο σκοπό. Κάθε μέρα, με κάθε τρόπο να μας οδηγεί στο να γινόμαστε καλύτεροι άνθρωποι –οι καλύτεροι άνθρωποι που εμείς θέλουμε να γίνουμε.

Αξιοσημείωτη είναι η διαπίστωση πως οι αρχαίοι μας πρόγονοι χρησιμοποιούσαν μία μόνο φράση θέλοντας να ορίσουν το πρότυπο του τέλειου ανθρώπου στην αρχαιότητα –«καλός κἀγαθός»– περιγράφοντας σε μόνο δύο λέξεις την εσωτερική ωραιότητα και την καλοσύνη, την εξωτερική ομορφιά και την εσωτερική αρμονία.

Όταν η αγάπη είναι αγνή και καθαρή γίνεται δύναμη

ώθησης και παρακίνησης για αυτόν που τη νιώθει, που τη δίνει απλόχερα και τη δέχεται με ευγνωμοσύνη. Ευγνωμοσύνη, ένα άλλο αίσθημα που επ' ουδενί λόγο δεν γίνεται να απουσιάζει προκειμένου να εκδηλώνεται η ευτυχία μέσα σου, κάθε ώρα και λεπτό που ζεις, που αναπνέεις, που είσαι ζωντανός. Ευγνωμοσύνη πάει να πει είμαστε ευγνώμονες (<ευ + γνώμη), δηλαδή με σύνεση, σοφία και αγάπη δείχνουμε τα καλά, τα όμορφα, τα λυτρωτικά αισθήματά μας για το καθετί, όσο μικρό ή όσο μεγάλο κι αν είναι αυτό, όσο σημαντικό ή όσο ασήμαντο κι αν είναι... Ακόμη κι αν πρόκειται για τις ζεστές ηλιαχτίδες του ήλιου που μας ζεσταίνουν το πρόσωπο ένα κρύο χειμωνιάτικο πρωινό.

Όσο αναγνωρίζουμε τους εκατομμύρια λόγους που έχουμε για να είμαστε ευγνώμονες κι εκφράζουμε την ευγνωμοσύνη που νιώθουμε, θα αρχίσουμε πιο συνειδητά να εστιάζουμε στην ουσία της ζωής. Την αξία τού να είμαστε στη ζωή, να δίνουμε αγάπη εγκάρδια δίχως να περιμένουμε ανταμοιβή, να προσφέρουμε με καλοσύνη, να νοιαζόμαστε ειλικρινά, να δεχόμαστε ταπεινά, να χαιρόμαστε σαν μικρά παιδιά που μέσα τους υπάρχει μόνο η αγνότητα.

Να είμαστε ευγνώμονες που η ευτυχία πηγάζει από μέσα μας, είναι ένα μαζί μας... Μας ακολουθεί σε κάθε μας βήμα, μα και σε κάθε στροφή, σε κάθε ανηφόρα και σε κάθε κατηφόρα. Και συνεχίζει να υπάρχει, να ανατροφοδοτείται, να μας ενισχύει και να μας καθιστά ολοένα και πλουσιότερους μέσα μας.

Στην περίπτωση που διερωτάσαι πώς θα μπορέσει να γίνει αυτό στην πράξη, σου έχω ευχάριστα νέα. Η ευτυχία είναι η κατάσταση στην οποία βρισκόμαστε όταν νιώθουμε ευτυχείς και ακριβώς σε αυτό μπορούμε εμείς οι ίδιοι να συμβάλουμε, μιας κι ο καθένας μας είναι υπεύθυνος για τις πράξεις του, για τα αισθήματα και τις σκέψεις του.

Έχουμε δηλαδή τη δυνατότητα να εκπαιδεύσουμε τον εαυτό μας και να τον οδηγήσουμε προς την κατεύθυνση της ευτυχίας. Ενδεικτικά αναφέρω μερικούς τρόπους προς εφαρμογή, εκπαίδευση και καλλιέργεια αισθημάτων που προάγουν την ευτυχία. Μαθαίνουμε να βρίσκουμε νέες πηγές ευχαρίστησης για την καθεμιά από τις αισθήσεις μας, όπως για παράδειγμα ένα χαλαρωτικό τραγούδι για την ακοή, το απέραντο γαλάζιο του ουρανού ή της θάλασσας για την όραση, το άγευστο νερό που όμως είναι αναπόσπαστο και αναγκαίο συστατικό για την ύπαρξή μας για τη γεύση, τη μυρωδιά του καθαρού αέρα που μας δίνει μια βόλτα στο δάσος για την όσφρηση, το απαλό και ζεστό άγγιγμα που δεχόμαστε από ένα αγαπημένο μας πρόσωπο για την αφή.

Τι πιο ωραίο από το να επιδιώκουμε να ασχολούμαστε με τα πράγματα που αγαπάμε και μας δίνουν ευχαρίστηση; Ε λοιπόν, μάθε πως όλα αυτά μπορούμε να τα κάνουμε χωρίς κάποιον περιορισμό. Χρειάζεται απλά να αφεθούμε και να ζούμε ουσιαστικά την κάθε μας στιγμή. Να φέρουμε στην επιφάνεια τη χαρά της δημιουργικότητας που είχαμε όταν ήμασταν παιδιά και ν' αρχίσουμε να δίνουμε νέα, πιο ανάλαφρη, αναζωογονημένη μορφή στη ζωή μας. Με λίγα λόγια, να της δώσουμε νόημα.

Σεβασμός στην ύπαρξή μας, στον ίδιο μας τον εαυτό, με ό,τι αυτό συνεπάγεται –αγάπη, φροντίδα, εκπαίδευση κ.λπ. Αξία αναλλοίωτη! Όταν αγαπάμε ολοκληρωτικά τον εαυτό μας και τον αποδεχόμαστε όπως ακριβώς είναι, τότε μπορούμε και να τον σεβόμαστε. Κι όταν σεβόμαστε εμάς τους ίδιους, την ίδια στιγμή σεβόμαστε τους πάντες και τα πάντα γύρω μας. Έτσι ακριβώς πάει… σαν την αλυσίδα.

Όπως ο επόμενος κρίκος ενώνει και συγκρατεί τον προηγούμενο και συνδέεται με τον επόμενο, έτσι ακριβώς είναι και οι σχέσεις μας με τους υπόλοιπους ανθρώπους. Για τον λόγο αυτό μέλημά μας είναι η σοφή επιλογή των κατάλληλων ανθρώπων που επιθυμούμε να έχουμε στη ζωή μας με οποιονδήποτε τρόπο, είτε ως φίλους, είτε ως συντρόφους, είτε ως συνεργάτες.

Και το κυριότερο; Θυμόμαστε πάντα να εστιάζουμε στα θετικά! Καθετί που μας συμβαίνει, με κάποιον τρόπο συμβάλλει στην εξελικτική μας πορεία. Ακόμη κι αν το αποτέλεσμα δεν είναι το επιθυμητό, εμείς φροντίζουμε να εστιαζόμαστε στα θετικά της κάθε κατάστασης, της κάθε συνεργασίας, της κάθε σχέσης.

Μόνο παίρνοντας μαζί μας τα θετικά σπέρνουμε τον γόνιμο δρόμο προς την εσωτερική μας ευτυχία… την αστείρευτη πηγή της ύπαρξής μας.

Βιογραφικό

Η Άντρη Χαϊράλλα γεννήθηκε τον Οκτώβριο του 1983 στη Λευκωσία, όπου διαμένει μέχρι και σήμερα. Σπούδασε Ελληνική Φιλολογία στο Δημοκρίτειο Πανεπιστήμιο Θράκης, στο Τμήμα Ιστορίας και Εθνολογίας. Είναι Συγγραφέας, Σύμβουλος Προσωπικής Ανάπτυξης, Σύμβουλος Επαγγελματικού Προσανατολισμού και Κλινική Υπνοθεραπεύτρια. Όντας ειδική στην Αυτοβελτίωση, την Προσωπική Εξέλιξη και την Επίτευξη Στόχων, έχει ως όραμά της να διδάξει εργαλεία και τεχνικές προσωπικής ανέλιξης κι επιτυχίας σε όλους.

Από τις εκδόσεις iWrite κυκλοφορεί το μυθιστόρημα *Αναστασία, Παλεύοντας με τη Σχιζοφρένεια* και τα βιβλία προσωπικής ανάπτυξης *Ημερολόγιο Ευγνωμοσύνης και Οραμάτων* και *Θετική Μεταδοτικότητα*. Επίσης, έχει συγγράψει το εγχειρίδιο για γονείς *30+1 Τρόποι Για Να Περνάς Ποιοτικό Χρόνο Με Τα Παιδιά Σου*. Σε ψηφιακή μορφή κυκλοφορεί το βιβλίο *Αγαπώ κι Ευγνωμονώ*.

Για επικοινωνία ή περισσότερες πληροφορίες μπορείτε να επισκεφθείτε τον ιστότοπό της www.thetiki-metadotikotita.com ή να της γράψετε στο email info@thetiki-metadotikotita.

Παναγιώτης Ασημεόνογλου

ΑΣΚΗΣΕΙΣ ΑΝΑΠΝΟΗΣ ΑΠΟ ΤΟΥΣ ΣΟΦΟΥΣ ΤΗΣ ΑΝΑΤΟΛΗΣ

εκδόσεις δαιδάλεος

Το απλό και όμορφο θαύμα της ανάσας χρησιμοποιήθηκε από αρχαιοτάτων χρόνων απ' τους σοφούς της Ανατολής και αργότερα της Δύσης ως μέσο αυτεπίγνωσης, γαλήνης, επικοινωνίας με τον Θεό και βαθιάς θεραπείας σωματικών ή ψυχικών διαταραχών. Στο παρόν εγχειρίδιο παρουσιάζονται με εύληπτο και πρακτικό τρόπο πανίσχυρες τεχνικές που αναπτύχθηκαν στην Ιαπωνία (Βουδισμός Ζεν και Σίντο), στο Βιετνάμ (Βουδισμός Ζεν), στη Βιρμανία (Βουδισμός Βιπάσανα), στην Ινδία (Γιόγκα), στην Κίνα (Ταοϊσμός), στο Θιβέτ (Βουδισμός Βατζραγιάνα) και στον Ορθόδοξο μοναχισμό (Ησυχασμός).

Αναλύονται εξειδικευμένες ασκήσεις θεραπείας συναισθημάτων (άγχος-στρες, θυμός, ζήλεια, ανασφάλεια, κατάθλιψη, συζυγικά προβλήματα κ.ά.) και σωματικών παθήσεων, τεχνικές της Γιόγκα (με συνοδεία φωτογραφικού υλικού), καθώς και μέθοδοι επικέντρωσης στο θαυμαστό παρόν της ζωής.

εκδόσεις δαιδάλεος

για παραγγελίες

www.daidaleos.gr | 2311 27 28 03

ΓΡΗΓΟΡΗΣ ΒΑΣΙΛΕΙΑΔΗΣ

ΤΟ ΨΥΧΟΘΕΡΑΠΕΥΤΙΚΟ
ΤΑΞΙΔΙ από το *φόβο* της σκιάς,
στο *φως* της επίγνωσης

iWrite.gr *publications*

Το μεγαλύτερο ταξίδι της ζωής μας, είναι σίγουρα η διαδρομή που καλούμαστε να κάνουμε στο βάθος του ίδιου μας του εαυτού. Πολλές φορές ωστόσο, ο φόβος, οι προκαταλήψεις και τα δικά μας προσωπικά, στενά όρια μέσα στα οποία έχουμε από πολύ μικροί παγιδευτεί, καθιστούν αυτό το ταξίδι δύσκολο, ίσως και αδύνατο.

Για όσους ωστόσο επιθυμούν πραγματικά να ξεφύγουν από τα μοτίβα της εσωτερικής στασιμότητας και καταπίεσης, υπάρχουν διέξοδοι. Ο Δρ Γρηγόρης Βασιλειάδης, ψυχολόγος και ψυχοθεραπευτής, καταγράφει μέσα από τη βαθιά προσωπική εμπειρία του στην ψυχοθεραπευτική διαδικασία ιστορίες, συμβουλές και παρατηρήσεις που λειτουργούν σαν ένας «οδηγός» για όσους επιθυμούν να κάνουν ένα τέτοιο ταξίδι πραγματικότητα, προκειμένου να βγουν στο φως της προσωπικής ευτυχίας και επίγνωσης.

Πάνω από όλα ωστόσο, *Το Ψυχοθεραπευτικό Ταξίδι* ξεχωρίζει επειδή δεν μένει σε ακαδημαϊκούς όρους και ξύλινες συνταγές, αλλά καταδύεται στο επίκεντρο των αγκυλώσεων και των νευρώσεών μας για να ρίξει φως στα όσα μας καθηλώνουν, φωτίζοντας παράλληλα τις λύσεις που δεν μπορούμε άλλο να αναβάλλουμε. Μια άμεση, εμπειρική αφήγηση, που εμπεριέχει στο χειμαρρώδη λόγο της τη δυνατότητα μιας ουσιαστικής αφύπνισης.

iWrite.gr   publications

για παραγγελίες

www.iWrite.gr | 2311 27 28 03

ο μικρός ταξιδευτής

Η διαχείριση των παιδικών φόβων
μέσα απο αξίες

iWrite.gr
publications

Χαρά Ν. Βιδοζαχαράκη

Ποιοι είναι οι δυσδιάκριτοι παιδικοί φόβοι που καθορίζουν εφ' όρου ζωής τον χαρακτήρα και τη συμπεριφορά μας; Πώς μπορούμε να εξηγήσουμε στα παιδιά όσα έχουν και όσα δεν έχουν; Ποια είναι τα εργαλεία που ήδη κατέχουμε από τη φύση μας και μπορούμε να δείξουμε στα παιδιά μας, ούτως ώστε να χαίρονται την κάθε στιγμή της ζωής τους; Πώς οι μικροί μας ήρωες μπορούν να οραματίζονται το μέλλον τους χωρίς να ξεχνούν την πραγματικότητα;

Ένα παραμύθι που ως «μύθο» ορίζει τον Λόγο. Μέσα από τρεις σύντομες ιστορίες, με κεντρικό ήρωα τον Μικρό Ταξιδευτή, αναδεικνύονται η σημασία των αξιών και οι τρόποι διαχείρισης κάθε «δύσκολης» παιδικής απορίας. Οι ιστορίες αυτές καλούν τα παιδιά να αντιλαμβάνονται και να αντιμετωπίζουν με επιτυχία προβληματικές καταστάσεις, δημιουργώντας, με αυτόν τον τρόπο, τις κατάλληλες συνθήκες για τη διαμόρφωση ανθεκτικών χαρακτήρων.

iWrite.gr   publications

για παραγγελίες

www.iWrite.gr | 2311 27 28 03

Η Συνάντηση

Ιωάννης Δασκαλάκης

iWrite.gr Publications

Η Συνάντηση

Ιωάννης Δασκαλάκης

Πέντε διαφορετικές ζωές, πέντε άγνωστοι άνθρωποι. Ο καθένας απ' αυτούς βιώνει, σκέφτεται και δρα μέσα από την προσωπική κατανόηση του κόσμου. Ύστερα, όμως, από μια απρόσμενη συνεύρεση έρχονται σε επαφή με τη διαφορετικότητά τους, την κατανόηση και την αποδοχή μέσα απ' τα μάτια των άλλων.

Μέσα στο έργο δίνεται η οπτική για το πώς η ουσιαστική «συνάντηση» διαφορετικών χαρακτήρων, χωρίς προσωπεία, μπορεί να οδηγήσει σε βαθιές αλήθειες αλλά και στην προσωπική αυτογνωσία του καθένα. Η προσωπική ανάπτυξη και η υπαρξιακή απελευθέρωση από τα δεσμά που ο καθένας φέρει αναδεικνύονται μέσα απ' το κείμενο.

Στο βιβλίο αυτό περιγράφεται η μαγεία της ομαδικής ψυχοθεραπείας και γράφεται ένας ύμνος στην ανθρώπινη «συνάντηση», μέσα από μια λογοτεχνική ματιά.

iWrite.gr
Publications

για παραγγελίες

www.iWrite.gr | 2311 27 28 03

Η ΤΕΧΝΗ ΤΟΥ COACHING

Εισαγωγή στη Θεωρία
& Πρακτική της
Coaching Ψυχολογίας

Χαράλαμπος Πετράς
Athens Coaching Institute

iWrite.gr
publications

Μ ε επιρροές από την Ανθρωπιστική και Υπαρξιακή προσέγγιση, τη Θετική Ψυχολογία, τη Συστημική Σκέψη και τον Κονστρουκτιβισμό, το Coaching είναι μια σπουδαία τέχνη για να την εγκαταλείψουμε στους «γκουρού της ευτυχίας». Είναι το Coaching μια κατασκευή; Είναι ένα αυτόνομο πεδίο; Είναι μια παρέκκλιση ή μια καινοτομία; Στο πρώτο μέρος, αναπτύσσω μια, ιστορικά και θεωρητικά, ολοκληρωμένη πρόταση για τον ορισμό αυτής της τέχνης και των κινημάτων που εμπεριέχει. Στο δεύτερο μέρος, προσφέρω έναν πλήρη οδηγό της Coaching πρακτικής, με μεθόδους και εργαλεία για τη στοχοθεσία και την αλλαγή που μπορεί να αξιοποιήσει ο επαγγελματίας Coach. Το βιβλίο απευθύνεται σε όλους όσους καταπιάνονται με την ανάπτυξη και την ενδυνάμωση. Δεν είναι τόσο θέμα επαγγελματικής ιδιότητας όσο ιδιοσυγκρασίας.

iWrite.gr publications

για παραγγελίες

www.iWrite.gr | 2311 27 28 03

Τριαντάφυλλος Σερμέτης

η Θεολογία
της Αφύπνισης

Η πατερική μεταστροφή
στη νεότερη θεολογία
της Ελλάδας

εκδόσεις
δαιδάλεος

Οι έννοιες του καλού και του κακού προσδιορίζουν τη ζωή και το θάνατο. Δεν έχουν νομική, ηθική ή άλλη έννοια. Είναι ένα γεγονός υπαρξιακής επιλογής. Η ελευθερία του ανθρώπου δεν έγκειται στο να επιλέξει ανάμεσα στο καλό και στο κακό. Η ελευθερία είναι το να έχεις τη δυνατότητα να επιλέξεις ανάμεσα σε δύο τρόπους ύπαρξης. Όταν ο άνθρωπος παραμένει στην προφάνεια της υλικής υπόστασής του, αδυνατεί να ξεπεράσει το μηδέν και κινείται στα όρια της αβύσσου. Αρνείται αυτό που τον ξεπερνάει και αναπτύσσει την ατομική ιδιοτέλεια. Η μοναδικότητά του στρέφεται κατά του θνητού χαρακτήρα της ατομικότητάς του και αυτό είναι το κίνητρο για τη φιλοδοξία της εξουσίας. Η τάση προς την υλικότητα και τον εξωτερικό κόσμο οδηγεί στον απόλυτο μηδενισμό. Αυτή είναι και η κόλαση στην πραγματικότητα της ανθρώπινης υπόστασης. Η αδυναμία της να συσχετιστεί και να κοινωνήσει.

Η αξία της ορθόδοξης θεολογίας λοιπόν, αν πραγματικά υπάρχει, έγκειται στο γεγονός ότι απαντά στα πραγματικά προβλήματα πραγματικών ανθρώπων και σε πραγματικές εποχές. Στο βιβλίο αυτό, η θεολογία γίνεται αντικείμενο μελέτης ως λόγος που θεραπεύει την ανθρώπινη υπόσταση και της δίνει την προοπτική της ελπίδας, σε έναν κόσμο που η απελπισία φωλιάζει στις ψυχές και διαβρώνει ως αρρώστια την πνευματική κατάσταση των ανθρώπων.

εκδόσεις   δαιδάλεος

για παραγγελίες

www.daidaleos.gr | 2311 27 28 03

ΔΗΜΗΤΡΗΣ ΦΛΑΜΟΥΡΗΣ, PH.D.

Ψυχο-λογικές
σχέσεις

Ένα εναλλακτικό ταξίδι αυτογνωσίας αναλύοντας
όσα (δεν) λένε οι φίλοι μεταξύ τους

εκδόσεις
πηγή

Τι θα γινόταν αν οι κολλητοί μας ήταν ψυχολόγοι; Πως θα έμοιαζαν οι συζητήσεις που κάνουμε μαζί τους όταν βγαίνουμε για ένα κρασί ή για ένα καφέ; Όταν αναλύουμε τα θέματα που μας απασχολούν;

Θέματα όπως:

• Γιατί πέφτω συνέχεια σε τέτοιου είδους άτομα;

• Του τα 'χω πει τόσες φορές του άντρα μου. Γιατί δεν αλλάζει;

• Γιατί κολλάω και δεν μπορώ να πάρω μια απόφαση;

• Γιατί μου παίρνει τόσο χρόνο να ξεκολλήσω από τον/την πρώην μου;

• Μου αντιστέκεται πολύ αλλά θα τον/την στρώσω εγώ...

• Μα όλα εγώ πρέπει να τα κάνω επιτέλους;

• Έχω αλλάξει τόσους συντρόφους. Πότε θα βρω τον σωστό;

• Με έχει κουράσει ο ξερόλας συνάδελφος... Δεν αντέχω άλλο!

• Πως μπορώ να νιώσω την ευτυχία;

Αυτά και άλλα πολλά, εξίσου σημαντικά ζητήματα, συζητούν οι φίλοι με τον κολλητό-ψυχολόγο τους μέσα στο βιβλίο αυτό. Με έξυπνους, καθημερινούς διαλόγους και προκλητικά επιχειρήματα, ο Δημήτρης Φλαμούρης, PhD, συνδυάζει τις ψυχολογικές θεωρίες με τη μαθηματική λογική, προσεγγίζοντας πολύ διαφορετικά τις καταστάσεις που καθημερινά πολιορκούν τον συναισθηματικό μας κόσμο. Μέσα από 12 αυτοτελείς ιστορίες, το βιβλίο βοηθάει στην απόκτηση αυτογνωσίας και στην εύκολη κατανόηση των βαθύτερων ζητημάτων που απασχολούν όλους μας. Έτσι, καταφέρνει να γίνει ο φίλος με τον οποίο όλοι θα θέλαμε να βγούμε για ένα καφέ. Ή, ακόμα καλύτερα, για ένα κρασί...!

εκδόσεις πηγή

για παραγγελίες

www.pigi.gr | 2311 27 28 03

Άντρη Χατζηράλλη

Θετική
μεταδοτικότητα

iwrite.gr publications

Mπορείς κι εσύ να γίνεις ο Υπέρ – Ήρωας της δικής σου ζωής!

Ναι, μπορείς, και μάλιστα τώρα. Άμεσα. Αυτή την στιγμή και είναι πιο εύκολο από ό,τι φαντάζεσαι.

Το βιβλίο αυτό σε βοηθά να κάνεις μια υπέροχη «βουτιά» μέσα σου, αλλά και να ρίξεις μια αληθινή ματιά γύρω σου, ώστε να κατανοήσεις τη σημασία που έχει η προσωπική σου εκτίμηση για σένα και να διαπιστώσεις τον πραγματικό ρόλο που η σκέψη και τα συναισθήματα παίζουν στη διαμόρφωση κάθε πτυχής της ζωής σου.

Αυτό το βιβλίο–οδηγός θα σε βοηθήσει να αναδυθείς εκφράζοντας τον καλύτερο εαυτό σου, μαθαίνοντάς σου τι είναι η Θετική Μεταδοτικότητα, αλλά και πώς μπορεί να σε οδηγήσει στο προκαθορισμένο Θετικό Αποτέλεσμα που είναι σημαντικό για κάθε τομέα της ζωής σου.

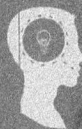

iWrite.gr publications

για παραγγελίες

www.iWrite.gr | 2311 27 28 03

Γιώργος Ιωαννίδης

η Φιλοσοφία της Μελαγχολίας

Η θλίψη ως ταξίδι αυτεπίγνωσης

εκδόσεις   δαιδάλεος

Μελαγχολία είναι εκείνη η κατάσταση της διάθεσης, όπου η ψυχή αναμένει ανάμεσα σε μια πνευματική ανατολή που δεν έρχεται και σε ένα δειλινό που δεν έχει τέλος... Για τον περισσότερο κόσμο, βέβαια, η μελαγχολία είναι συνυφασμένη με την κατάθλιψη. Από την αρχαιότητα, όμως, είχε διακριθεί ως η νόσος των φιλοσόφων, των ποιητών και ευρύτερα των δημιουργικών ανθρώπων. Γιατί συμβαίνει αυτό; Γιατί η θλίψη να αποτελεί αίτιο εσωτερικής αναζήτησης και υπαρξιακής απορίας;

Ο ψυχολόγος και συγγραφέας Γιώργος Ιωαννίδης πραγματοποιεί μια επισκόπηση στην εξαιρετικά πλούσια ιστορία της μελαγχολίας -από την εποχή του Εμπεδοκλή και του Πλάτωνα στα σύμβολα της Αλχημείας και από τη Μυθολογία έως τους νεώτερους φιλοσόφους και την Ψυχανάλυση- αναδεικνύοντας πώς η νύχτα της μελαγχολίας δεν είναι άφωτη, καθώς στον πυρήνα της, έστω και σε λανθάνουσα κατάσταση, ενυπάρχει εκείνη η αρχέτυπη δυναμική, ικανή να μεταστρέψει τον θρήνο σε οίστρο ζωής και αυτογνωσίας.

Παράλληλα αναπτύσσονται κι άλλα σημαντικά ζητήματα όπως εκείνα της ευτυχίας, το νόημα της ζωής, η σημασία της συγχώρεσης, καθώς και ο ρόλος του Έρωτα στην πραγμάτωση της αυθυπέρβασης - από το Εγώ που υποφέρει (και δυστυχεί) στον Εαυτό που μετέχει ενεργά στη ζωή (και ευτυχεί).

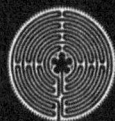

εκδόσεις   δαιδάλεος

www.daidaleos.gr | 2311 27 28 03

*9 7 8 9 6 0 6 2 7 0 2 5 3 *